# 創世紀60周年同仁詩選

（2004–2014）

張　　默　等著

辛　　牧
陳　素　英　主編
李　進　文

文　史　哲　詩　叢
文史哲出版社印行

國家圖書館出版品預行編目資料

創世紀 60 周年同仁詩選（2004-2014）/ 張默
等著.-- 初版 --臺北市：文史哲, 民 103.10
頁;21 公分（文史哲詩叢；119）
ISBN 978-986-314-218-8（平裝）

831.86　　103020323

文史哲詩叢 119

# 創世紀60周年同仁詩選
## （2004–2014）

著　者：張　默　等
主編者：辛牧　陳素英　李進文
出版者：文史哲出版社
http:// www.lapen.com.tw
e-mail：lapen@ms74.hinet.net
登記證字號：行政院新聞局版臺業字五三三七號
發行人：彭　正　雄
發行所：文史哲出版社
印刷者：文史哲出版社
臺北市羅斯福路一段七十二巷四號
郵政劃撥：16180175 傳真 886-2-23965656
電話 886-2-2351-1028，886-2-2394-1774

實價新臺幣三〇〇元

中華民國一〇三年（2014）十月初版



ISBN 978-986-314-218-8　09119

# 詩美學的大磁場

## ——《創世紀60年同仁詩選》序

瘂　弦

我常說：「一日詩人一世詩人」。詩是一種修行，一種自牧，也是一種信仰，一種永遠的獻身。宗教家可以以身殉道，詩人可以以身殉美。詩人是一輩子的詩人，詩人的努力是一輩子的努力，詩人的最高完成也就是詩的完成。

能堅持這種精神，最恰當的例子就是《創世紀詩刊》。這個號稱「一支沒有薪餉的部隊」的同仁刊物，由一群熱愛新詩的朋友，在沒有任何外援的情況下，出錢、出力、出詩，六十年如一日，從一九五四年創刊到現在，從未中斷，且越辦越紅火，可以說是台灣文壇的一個奇蹟。

創世紀六十周年慶，是文藝界的一件大事。十月，台北有多項慶祝活動，在周年慶的會場上，出現這麼幾句話：「『創世紀』，揚起蒼勁的翅膀，翱翔在詩的星空，歷時六十載，力倡創作，提攜後進，創造了輝煌的文學盛世。」「盛世」一詞，在台灣還很少人使用，特別是用在文學上，不過證諸六十年來『創世紀』對兩岸三地及世界各華文地區的廣大影響，同仁們以「盛世」來肯定自己的成果，並非言過其實，可以說當之無愧。

在整整一甲子的漫長歲月裡，創世紀的詩人們一直站在詩創作的最前沿，把五四文學運動的火把，高高舉起。為建設詩歌的台灣而深耕密織，帶來一個文學的新時代。

創世紀的文學生命為何如此強旺，最主要的原因，是來自一種純粹的文學因緣，一種自發的結合。歷來的文學史家，每每用「作家論」和「社團論」來找出文學史發展的脈絡，而創世紀的成長歷史只能用「作家論」不能用「社團論」來檢視。因為，創世紀只是一個詩社，不是一個詩派，不具備文學社團的性格。創世紀的建立，目的非常單純，最注重的是文學創作的本身，只講究詩的美學，不涉及意識形態；既沒有刻板的組織章程，也沒有參與者應該遵循的各種信條。就是因為這種結構，才避免了因規範過多而影響到文學創作的自由發展。

在這裡，我們不妨回顧一下新文學運動初期，一些文學社團的興衰，包括郭沫若為首的「創造社」、魯迅組織的「左翼文學聯盟」，徐志摩、聞一多的「新月社」等，這些社團的性質，有剛性也有柔性。「創造社」和「左聯」有鮮明的宣言性文學主張，強調文學的社會功能以及明顯的政治意識形態，在當時的文壇是兩個最強音。「左聯」在形式上受到蘇聯很大的影響，帶著強烈的排外性和鬥爭性，打著階級文學的旗號，把作家編成隊伍，甚麼能寫、甚麼不能寫，都規定得清清楚楚，簡直在進行一場文學的階級鬥爭。像這樣的作法，給人的印象一時是強烈的，但風起雲湧、鑼鼓喧天熱鬧一陣子，就趨於沉寂。「新月」的基調，主要是來自藝術至上論的徐志摩，講究愛和自由，所以比較柔性，但自聞一多改弦易轍成為「進步」詩人走上街頭後，「新月」就變調了。從以上的情形我們發現，創世紀與這些社團完全不同，她的運作方式才是正確的，乍看或許過於高蹈、無法「接地氣」，豈不知這樣反而可大可久，若從歷史脈絡來看，勿寧說更接近中國的文學傳統。

從文學史上觀察，中國古代文人的結交方式，重視的是詩友文朋間的激揚文字、詩酒唱酬，每一個人都是野鶴閒雲，文友們主要在享受那份獨來獨往的情調。他們絕少結社，一切隨興隨緣、不拘形式，不標榜共同的文學主張，也絕無相互排斥的情況。由於古代詩集刊行不易，流傳不廣，詩人們的聚會，最主要的目的是為了尋找知音，這種情形，從唐朝到宋元都是如此。組織常設的詩社，到晚明才出現，著名的「復社」便是如此，但它結社的理由不是為了文學，而是與宦官惡勢力鬥爭。帶一點現代意味的社團，要到晚清、民初才出現，如柳亞子的「南社」就含有近代社團的性質，他們有固定的會員和募款機制，也有共同的文學主張，只是不過分強調使命感，說來也是比較柔性的。至於台灣光復以來的文學社團，當然有些也曾強調過文學的現實社會功能，好在對社員的約束力不大，優秀的作家雖然身在社團，但主要還是靠「自因」來創作，而不理會外來的「他因」。

五、六十年代的台灣，官方路線的文藝政策曾經嚴格推行，創世紀早期同仁多半有軍人身分，在那樣的壓力之下，按說很難不受影響，但他們並沒有隨政策起舞，排除萬難努力把創世紀維護成一塊純詩的淨土，堅持獨立自主的寫作原則，徹底做到除了詩的關心，沒有其他的關心；詩，成立了，一切都成立了。在不受外界干擾下，除了每季固定出刊，也出版了大量的個人詩集、同仁詩選，並多次舉辦頗具規模的詩獎和詩的朗誦會，始終堅持詩的純粹性，不預設與文學無關的前提。大家都知道，創世紀是個「秀才見了兵」的詩群，除了來自軍中和社會的創作人才，也有學院出身、批評素養很高的詩論家，不過他們所發表的詩論都是關於詩美學的本身，不對創世紀應有怎樣的詩風怎樣的創作路線妄加提倡。在這種自由寫作的風氣下，詩友們個個獨來獨往，就像徐志摩的詩句說的「你有你我有我的方向」，大家所珍惜的是那「交會時互放的光亮」。詩友們相信，保持一種偉大的孤絕感，才能寫出好作品。一人一把號，各吹各的調，並不是件壞事情。表面上看起來雖然沒有那麼整齊劃一，顯得複雜，但因為複雜所以豐富。創作最大的危險，就是避免千人一面的雷同，一個詩社最忌近親繁殖，大家的風格如果定於一尊，就是詩的死亡。對於一個詩刊來說，沒有政策就是好政策，無為就是有為，惟如此才能長期發展，不會變調。六十年的經驗是值得珍惜的，希望這寶貴的經驗形成一個永續的傳統。

總之，創世紀的成功，得力於「融合」的概念。所謂融合就是：不同文學觀念的彼此尊重，不同文學風格的兼容並包，不同文學理想的異中求同，不同文學道路的並行不悖。在和諧的氣氛下，以相敬相重替代孤芳自賞、唯我獨尊，以共存共榮替代各立門派、黨同伐異。這種大意志、大氣派、大規模的氣象，始終是創世紀所追求的，也是創世紀的最大夢想。

我曾把詩分成三個層界：抒小我之情，抒大我之情，抒無我之情。可以概括為：純粹抒情的小我內省，博愛群體的大我關懷，哲學深度的無我關照。詩人抒哪個層界的情，是根據個人氣質和關懷面的不同而有所偏重，其中也受到年齡和各人閱歷的影響，所謂大我、小我、無我，很難截然劃分，但到了終極思維的時候一定會有哲學出現，而進入無我之境。這樣的轉折變化，代表詩藝的成熟，也是詩人藝術生命的最高完成。

這本同仁詩選中的作品，均發表在二〇〇四年到二〇一四年間，這個時段正是刊物詩作大豐收的鼎盛期，所選之作，最能充分體現出創世紀這個詩美學的大磁場，從醞釀到形成的歷史軌跡。書中收錄的作品有四十六家之多，各有獨特的風格，稱得上是百花競放、眾聲喧嘩，更重要的是能形成一種不同內涵、不同韻致的多元風格。在內容題材上，從眺望遠方到注視周邊，從小我、大我到無我，無所不包。

在表達技巧上，從傳統到前衛，從沉雄繁複到簡潔輕盈，各具特色，每一個聲音都有自己獨特的調性，且能把本土、民族、國際三種元素綜合在一起，這是在一種強調自我、尊重個別的基礎上所形成的共識，真正體現出早年周作人所提倡：「人的文學」的美質。一群人，一個信念，一個時代。

這裡，我們不妨談一談創世紀老、中、青三代在此一階段的表現。在詩刊創設初期的幾位詩人的作品中，這些年已少見刀耕火種的壯烈，代之的是人生沉靜的終極關懷，也就是無我層界的探尋，最大的特色是深刻觸及中國的老莊思想、佛理與禪趣，從傳統出發、奔向現代，復又歸宗傳統；這種轉折，使他們晚年的詩風，變得古淡蕭散、任意揮灑、不主故常，自然地流露出心靈深處的哲學薰染，而呈現一種迺逸之美。還有一些短作，更使人想到宋元文人畫的隨興小品，不著色相、不落言詮。前輩們這種老而彌堅、皓首窮經、創作不輟的精神，令人敬佩。

創世紀年輕一代的詩人，人才輩出，佳作如林，他們自有他們的時代。在詩藝的表現上，迥異於前輩，其中有許多新的創發，令人驚豔。除了寫詩，很多人擁有博士學位，兼治文學批評，他們對於西方詩學的「取」與「予」、「迎」和「拒」，具有正確的選擇力。人常說，批評的高度就是創作的高度，生活經驗加上學問，其表達的力度和領域，就更加深廣了。他們也參加電腦網路的寫作，從高度科學化所帶來生命觀念的變化，有機世界與無機世界模糊的界線，思索對「我」的新認識，這是前輩詩人從未觸及到的新題材。還有幾位女詩人表現也很傑出，她們那帶有現代女性主義色彩的作品，具有溫婉的批判力，有很高的思想含量，還有一些生活小品，強調極簡和精緻，秀麗素雅，使人聯想到明成化窯的青花瓷，令人不禁讚嘆：「唯恐風吹去，還怕日炙消」。

電腦網路的出現，是人類傳播形式的大革命，這種改變，帶來文學創作和發表的新形式，其速度之快，確實給人驚心動魄的印象。不過這個新興事物的出現，一開始同仁們反應比較遲緩，特別是老一輩的詩人，把電腦寫作當成一般的時尚，認為一陣風吹過去也就是了，比較缺乏與時俱進的興趣，主要是大家認為文學的重要平台還在書刊文字的世界，網路上的作品並沒有通過文學批評的考驗，缺乏嚴謹的選汰，很難形成主流，對於以印刷、書寫的傳播形式影響不大。

不同於前輩詩人，創世紀年輕一代對這個問題卻非常靈敏，有幾位同仁，除了網路上發表詩作，也在學校講授網路文學，對廣大社會新一代詩歌的愛好者有相當程度的影響。研究網路文學多年的須文蔚便認為：「網路文學是文字煉丹爐裡的鍊金術，而不是文字焚化爐裡的資源回收。」他舉出，中國大陸的網路比台灣發展快速，有很多著名的網站，產生了極為廣泛的影響，不少好手參與網路寫作，其中有些還跟電影事業合作，為網路文學創造了極大的社會聲勢和經濟價值。

這種新文化氣候的形成，讓人震撼。當年法國詩人雨果看了波特萊爾的作品，用「新的顫慄」來形容他的感受，網路文學的存在和發展，對我個人也有同樣的衝擊。可以這麼推想，創世紀未來的另一個六十年，從內容主題的選擇，文學思維的表達以及傳播的機制，不可避免的都將會和網路同行。不過道並行而不相悖，網路文學和紙張印刷的文學，如果處理得當，一定可以共存共榮。而創世紀的老同仁，也一定會鼓足餘勇，趕上前去！

最近報載，一家網路公司要打造自己的衛星，向地面發送網路訊號，企圖消滅地面上所有的網路死角，使它的覆蓋率無遠弗屆。另外一家公司，計畫把NB平板、智慧機，包在一起，提供一種極致數位生活體驗，促成五合一變形裝置，把手機電腦混搭，真正做到「手」「腦」並用。在這種勇於夢想、挑戰極限的衝刺之下，文學將無所不在，說人人是作家、處處有文學，不是一句誇張的話，而維繫文字傳播的主流地位、莊嚴與不朽，相對地也變得非常重要，這應該是創世紀未來的新使命吧。

# 創世紀60周年同仁詩選——二〇〇四—二〇一四 目 次

# 張　默作品

## 詩，張開海藻般嫩嫩的翅膀

一、

在童年，草堆如雲的無為鄉間
每天，我一睜開眼
詩，是一群天真無邪的麻雀
於青碧的阡陌上，嬉逐
它，引領我走向小小農耕的世界
它，引領我採拾論語孟子的精要
它，引領我在半醒半醉的硯池中仰泳
它，引領我在玉梨魂的幻境裡囈語

春天，它敞開海藍般的美姿，漂泊著
夏天，它敞開蟬鳴般的胴體，吟唱著
秋天，它敞開明月般的嗓子，彩繪著
冬天，它敞開大雪般的氣宇，垂釣著

它它它，它是我的手杖，我的呼吸，我的
隨身碟，以及一切復一切緩緩行進著的
全然看不見的鄉愁的鏡子
窩在如許細緻深澈的心的側壁
不得不安安靜靜滄浪，我

二、

在晚近，蒼髮如皚皚白雪的內湖斗室
每天，我忙于搬動一落落淺唱低吟的殘卷
漫步當下茂林修竹的小徑
即將邁入七十九個無端的寒暑

我還在意他人的指指點點嗎
每天，獨對那些五花八門的影像
不時偶或憶起，某年某月某日
曾悄悄登上巴黎鐵塔之頂，放風箏
吳哥窟陰暗的長廊，我一步一丈量
那批天國舞者 Apsaras 七彩的腳印
蹲在埃及阿蒙神殿一三四根擎天的石柱下
莫非，我只是一隻小小的螞蟻
嗨！好一朵烏蘭巴托黃昏雨後的落日
讓我和大荒的影子，幾乎與大草原等長
而土耳其的精靈煙囪，恰似張瑞圖鼓點式的狂草
把卡巴多奇亞的原野，栽活了

托爾斯泰，果戈里，杜思妥也夫斯基……
巨大英烈的銅像，讓莫斯科，蘇滋達里
聖彼德堡的街景急急上升了數千公尺
且令人百讀不厭，不忍驟然離去

而胡志明市的古芝地道，短短不及六十米
我等連爬帶滾，氣喘如牛，才撿回這條老命
巴塞隆那的西班牙風
湧起米羅大膽奇異的彩繪
把咱們的新感覺，如夢初醒的掀開
那一雙又大又挺的荷蘭木鞋
橫躺在阿姆斯特丹的十字路口
我唰唰，大步躍進，把濃密的夜景也一起叮噹契入
瞧，布拉格黃金巷二十二號，卡夫卡，一隻巨大的
變形蟲，輕輕把時間切成粒粒星辰
惟板門店，昂首不語的38度線
仍堅持楚河漢界，誰也不能跨越

這麼著，當下這個超世紀的液晶體
究竟還剩下什麼細軟，是屬於大家的

三、

某些不眠的風景，依然在眼前徐徐退隱
我怎能豁達如擲骰子般，坦蕩
詩，如果失去自由的翅膀
還能在無邊無際的水岸
高呼，我要淹沒一切嗎

二〇〇九年七月四日內湖無塵居完稿
——選自二〇〇九年九月《創世紀》一六〇期

# 燦然二行小集

## 無題 1

我把右腳，直挺挺的插入鍾嶸的詩品
寂寞竟悶不吭聲，引壁燈高歌

## 無題 2

一幅畫，非得要在山水之間呼吸嗎
那麼，石濤八大，何需石破天驚的狂舞

## 無題 3

雲，總是輕輕，拎著青山漫步
牛，卻抱著犁耙，一寸寸與稻穗私語

## 無題 4

黃昏，俺盯著窗外一排排高大的榕樹
眾鳥一字排開，欣然摟著落日的餘暉取暖

## 無題 5

滿屋香煙，在我的殘卷上仔細考證
而歲月，卻逕自翹著二郎腿，去夢周公

——選自二〇〇九年六月創世紀一五九期

# 洛　夫作品

## 四月之暮

夕照裡
一
群
雪
雁
銀鍊般嘩哩嘩啦地
降落在學校的草坪上
順便
拽下了
一顆紅臉膛的落日

（孩子們
　剛投進去一只籃球）
不久
牠們又嘻嘻哈哈飛走了
帶起
一縷長長的青煙
以及我正凝望的
遠方

## 有涯

吾生也有涯，而知也無涯，以有涯逐無涯，殆矣。（莊子）

天涯
你我不必追逐
那邊
肯定無人

無刀劍，無染血的戰衣
亦無孤魂
從狼煙中升起
只見遠方一只鷹在盤旋
在思考
戰後該變成甚麼樣的鳥？
無涯
也毋需煩惱
但無涯
我們怎樣上岸
又如何把骸骨中唯一能發光的
磷
搬運回家
有涯
我就放心了
卸去了皮膚毛髮

我要辦一件大事，譬如
裸著，奔向不朽
讓一只蟑螂，施施然
在前面帶路

## 斯人

酒瓶打翻了
捕鼠器忙了一夜
只夾住一小片寂寞
太陽遲遲從枕邊升起
一切又恢復了秩序
摸摸頭，還在
這次輪迴還沒有被輪換掉
於是，他把昨夜被耗子啃剩的時間
摺好

和明天要用的手杖與傘，好好
收起，好好
存放在
專門收藏霉味的記憶裡
隔壁傳來笑語
幾疑是章回小說中的
春花秋月
而夢中的那幅好山好水
可惜呀
被陣陣的鼾聲揉碎

次晨
幸好又恢復了秩序
於是他開始
理性地梳洗，讀報，如廁
非理性地
把壁鐘撥回到那個難忘的雨天
然後細數鏡子裡的老人斑

然後苦思
下一句該怎麼寫？

——選自二〇一〇年九月《創世紀》一六四期

## 錯愕

井，以無聲的獨白
訴說著
一小片天空的曖昧
汲水的女子
眼看著
一枚簪子跌落水井
那個急呀
她彎下身子去撈
這才發現自己的臉
原是世上一面破鏡

——選自二〇一一年六月《創世紀》一六七期

# 商　禽作品

## 散讚十竹齋

### 翎　毛

「能停一停嗎，我說時間」—丁文智

想想看　一朵
花從枝幹上落下
一隻鳥　想想看
一對翅膀，如何
在扇動中停住
花瓣的迴旋停住　不再跌落

時間凍結
花看著鳥　鳥看著花

## 拱　花

「須菩提，東方空虛，可思議不？」

突然一朵蓮花
有形　無色
從平平的紙面
冒出

有行雲
絲一般　煙一般
　自如舒卷
有流水
推動波紋

與時間蕩漾
忽然一隻白鶴
自白白平平紙上
飛翔在無色的雲中

　　「舍利子，色不異空，空不異色……」

## 竹譜

(之一)

月光冷冷的把一叢竹子的影子照印在窗上一個女詩人把它們寫在絹帛上；竹子的生便被自己的影子取代了。竹子變成詞語，分解成「人」字「个」字。重新組合為「人」，「个人」。微風來的時候，竹子本身搖動竹畫則不動。我睜睜地端視著它們，直到患有柏經森氏症的手自己搖擺起來。

（之二）

人類把文字寫刻在竹片之前，深怕竹會拒絕，總是先用刀刮去竹的表皮，謂之「殺青」。天啦！那是我的皮膚哩。

（之三）

人們在敲破我的硬骨之後，又將竹泡軟，搖爛之後用竹一個簾將我撈起來晾乾之後，成為一張張紙之後，又用竹支做成的筆畫出一幅幅的墨竹。之後，明朝有個藝術畫在竹紙上之後再將一株兩株三株四株五六七株八九十株，破開分成好多「个人」刻在木板上之後用竹做的紙刷上濃淡不同的色相、印成有風、有雨、有月、有雪、有魂、有魄的竹而且不斷生兒育女延綿至數百年。從竹子到竹畫、竹紙不斷循環。前生今世。

## 石譜

打開冊頁
看見石頭
醜的石頭有洞穴

是用時間所雕造
將視線穿過洞穴
去看時，石頭越來越美
石頭有口但是不說話
用沉默面對世界

——選自二〇〇七年六月《創世紀》一五一期

# 碧　果作品

## 隱者的月亮

二大爺在眼睛的經驗中
坐在向日葵的田頭上
葵實的花，是黃煌的

風，也是黃煌的
啊　在一句尚未構成的字詞裡
二大爺看到了他外邊的所有的他

所以，如其所如的
月亮在他的麵碗裡

二嫚和二嫚的娘，也在麵碗裡

——選自二〇〇四年十月《創世紀》一四〇—一四一期

## 鳥人

存而不論的是聆聽與觸撫
而充分展開的是色彩
色彩是隱喻極品的　椅子

在面對的街市、房間、碗裡、床上
變奏各種不同主題為　夢
使皮肉與旗幟近似神性的活著

舞台上
被俗化的肉體幢幢魅影中
享受徐徐和風的是位魔幻黑白的

凡人。
屋前屋後
春天裡的二大爺早已站成了春天
昂首已成一隻悠然飛翔的
鳥。

二〇〇六年春夏季作品
——選自二〇〇六年九月《創世紀》一四八期

## 一隻無羽的肉鷗

過了
閒暇遼闊的嚴冬
名詞尚未成形
形容詞已來輕扣門窗
在自言自語中，貞靜的肉身
誕生了

肉身　已是光燦浩瀚的　海
被遮蔽的雙眸在靜定中凝視
凝視　自己的全部

所以
超感的　我
正急驟的　縮小
縮小縮小的　縮小為
一隻無羽的肉鷗。

而
這世界卻懸在半空中　幌盪
而
微笑卻在一張張弔詭的人臉之上
弔詭。

# 瞬間之事

坐在門外一方巨石之上
我　看見
等待自己出現的
另個　自己。

在不知不覺中
妙在當我轉身離去時
終於
他　來了。

之後
心裡無名火起：
——管他是誰呢？！。

伸手推開門扉，進入寢間
赫然　驚見
原本久立窗前冥思的
終日，出走肉身，尋索靶心的
那等待自己的　自己。
張開一張黑洞的大嘴
正向著聾啞的一面高牆
無聲的

張
開。

——選自二〇一二年九月《創世紀》一七二期

# 辛　鬱作品

## 老龍頭印象

引頭入海
一條巨龍就這樣
在大地展姿
而此刻　　一樹旺開的紫丁香
用它的香氣　把山與海拉得
更近　我暫時充當雄關的守卒
被妻的徠卡捕捉入鏡

可惜的是香氣留不住
老龍頭也留不住

我這不善記事的過客
如同四月天楊花散飛
這一切全留給一具相機
去　惦記

# 永樂大鐘印象

它的第一響　誰也沒聽見
現在我聽見的是
它的無數聲響中的
屬於我的第一響
啊　五百八十四年前的
鑄鐘人　我感謝你
在一口巨鐘裡
熔入如此燦亮　如此清脆
如此純如此真

的聲音讓我回到童年
輕若楊花　我默立殿前
怎敢放聲　高歌

——選自二〇〇四年十月《創世紀》一四〇—一四一期

## 和南寺隨想（三則）

一、

張默的一陣咳嗽
抖動了詩般的夜色
側身坐起　我心想採一握
香雲樓外的寧靜
製它一帖止咳藥
樓外的一樹香氣
淡淡柔柔

牽引起落有致的潮聲
那時光無盡的傾瀉
我懷著它安然入睡

二、
觀音浴在層層月色中
自在而不失端莊
我把一個念頭從眼底釋出
想一探
觀音慈目中的溫馨
怎樣投向波逐浪湧的海上
將明滅不一的漁火
凝定

三、
在雲板的召喚聲中
早晨七點

被精準的釘在鐘面
哇　我發覺腹部微凹
就這樣展開
山寺生活的一天

齒頰留有青菜的餘香
我步出齋堂
被微涼的山風一路追趕
一腳腳登上高台
眼前翻飛的綠浪
是一叢叢竹枝的輕歌
而當觀音散發的溫馨
被我空純的心吸吶
喔　我真想直上青天

——選自二〇〇五年十二月《創世紀》一四五期

# 葉維廉作品

## 亞德里亞海灣的抒情

" Periplum, not as land looks on a map But as sea bord seen by men sailing."【Periplum，不從塵地看地圖而從舟行看海岸】

**Pound, Cantos**

去想，更好是，去感覺海洋與陸地完全的相遇
像腓尼基古國的海員
像手指把著愛人身體起伏的
脈搏與情搏，緣著弧線那些
直線永不了解的韻律舞躍
直線啊是理性的邏輯的乏夢的

弧線是抒情的充滿熱血顫動的情弦
當然還有夢
亞德里德海，如果你 Google 查看地圖，說是像馬蹄
腓尼基古國海員的地圖呢：
千變萬化的景象，溢滿生命和韻律
不斷的衝入我們的意識裏
一條直線是沒有停駐的空隙的
空隙是需要的
空隙、走走停停，慢下步來是需要的
可思可冥可夢
直線是骨架
骨架當然就沒有肉囉
所以，讓我們思入 Periplum，忘去「尋找精義」的狂熱
坐上一葉小舟，緣著千千萬萬弧線性感的海灣的轉折
時不時停泊下來用你的腳趾探測那
泛溢著感性的灣水，柔潤甜美
不同的性情，多樣的質感

與形形色色的岩石、林木的呼息互玩
一千種面貌，一千種風情
停停走走

停

再開始

是舞蹈
舞蹈對我們血脈的流通很有幫助
啊你說這樣走搞不好十年都走不遍那馬蹄灣岸
嘿，提醒你，那不是馬蹄啊
亞德里亞海的兩袖是騰騰洶湧的異質雜陳的
活潑潑的生命和無盡的植物動物生命共同體
你有你的抽象高度減縮的夢
我們緣著亞德里亞海的弧線迂迴行進
緣著腓尼基人的抒情
**Periplum**

——選自二〇一三年三月《創世紀》一七四期

# 菩　提作品

## 白露時節

江間波浪兼天湧
塞上風雲接地陰
——杜甫

不與太陽寒喧
不與月亮糾纏
也不與星星說一句溫馨的話
只守著一片草葉
等一滴露珠出現

雙睛乾澀
焦燎內燃
縱一滴露珠之清涼
也能激心緒成一個慶節
　望穿秋水
若果，真的秋水時至
則無需再用想像去
遙望，用沉思
去透析
感覺深處自有塊壘斑駁
擾動些許光暈
白露時節
　西風不語
　秋色無言
　蟬聲已寂
　茶色亦淡
唯塵封的一疊新聞紙

烏鴉鴉的流淌出一股黑漿
填塞空間

誰與我擦身而過
悄然無聲，彷彿
日已升，月亦泳
所有的音波、時間都殺死在
一匹草葉的凝露之間
而芒刺欣然

## 東南秋色

東南秋色依舊
東南海浪滔天
風過處，碧青的葉子枯黃了

人聲鼎沸時
旗子亂如雨腳
萬千頭顱踩過
之後
每張臉都是一株凋殘的
黑花

——選自二〇〇五年十二月《創世紀》一四五期

# 管　管作品

## 黃昏之鍋

一個被燒了一天的鐵鍋
是一個燒酒紅的臉
丟進海裡去的那隻鍋是爸爸酒紅燒的臉
明天早晨媽媽還要用鍋煎那海上剛升起的蛋
那燒紅了的鍋是惹媽媽生氣的爸爸燒酒紅的臉

## 冷之前後

那是些沒有骨頭只會流浪的肉雲，開始告知吾等它們即將全成為骨頭沒有肉的手和腳。那些看到卻捉不到在天上行走的臉，突然告知我等它們馬上會變成一柄一柄銀湯匙落于你手上的銀碗！

## 鞦韆

月色下
一個吊著兩隻細長手臂的瘦子
吊在鞦韆架上
一匹黑狗上前嗅了一嗅
抬腿尿了一泡尿
就揚長而去了
地上那泡尿裡正印著那彎殘月
這上吊的人是誰呢？姓張的？姓陳的？還是姓李的？
這可又像極了某個大師的畫或者雕塑！

## 荷

荷葉上想跑的水珠兒
那是昨夜月亮小孩小便的尿
青蛙偏説那是他尿的不信就去嗅嗅看全是青蛙的味道！

## 秋千

孩子們不玩的秋千架上，
坐上了
半個月亮。因此擋住了一位蟋蟀的去路

## 影子

把你的影子折疊一下

放在道德經裡做書籤好不？
或者
放在口袋裡當衛生紙

## 楊花

一九九八年暮春在河北廊房詩人碧果的兄弟家，早上一出門淋了一身楊花，時年七十，第一次遇到童年在教科書上讀到的東西，謝玄以及空中撒鹽。從書本上寫的楊花到淋到吾身上的楊花，七十年說它年輕又覺得老了點，說它老了又覺得年輕了。又是在至友的家鄉，吾的異鄉。如同在南京八卦洲詩人張默的家鄉，看到好多我童年時看到的喜鵲窩。覺得突然我的童年就站在吾面前，手中且架著一隻吾養的喜鵲。吾知道站在吾面前的是一隻豹子！

——選自二〇〇四年十月《創世紀》一四〇—一四一期

# 彩　羽作品

## 琴　臺

悠悠然
地久天長，無分晝夜
這拔地而起的，原為漢江中的
水聲。照澈古今，也恆常
令人期嚮的，卻然，總是
這月湖周邊的勝景
纖麗溫煦。引我
前來此間，昔者，捽琴的聲音

至今，依稀
仍猶在耳

舉目矚視
眼前呈現的，乃係一座，以漢白玉
疊砌而成的石臺。上豎一石，書曰：
「琴臺」。無風自涼

綠樹成蔭，如傘如蓋
龜蛇不走，鸚鵡不飛。樓閣
亭臺，交錯把盞。設若
我等，攜酒而至，俄頃，怎不憶及
高山流水，山高水長
滄桑更換，人事代謝
噢，楚人！而今，汝等

是否仍憶及當初？是否已然
完全不知其古韻

人情似紙，冷暖誰知
鍾乎？……俞乎？……琴已既捽
再無琴音

——二〇〇四年十一月五日於古今書坊

後記：古琴臺，位於今湖北省漢陽月湖附近，係為感念俞、鍾二人的情誼所建。鍾子期，春秋楚人。伯牙鼓琴，志在高山流水，子期聽而知之。子期死，伯牙鼓琴絕絃，謂世無賞音者。誠所謂：「歷盡天涯不足語，此曲終兮不復彈！」感人至深。長年每欲以詩為誌，而擱者數矣！今幸得之。

——選自二〇〇四年十二月《創世紀》一四二期

# 汪啓疆作品

## 台灣腳蹤（五選三）

### 玉山脊徑

斧痕劈出，腰桿挺昂的山岳上
這條窄線，很是高陡怯寒
太陽失溫，石礫岩頁都緊抓彼此不放
風一直剷挫石肉表層那片
裏墊的、矮箭竹
　路左右以駭人的直垂礫皮剜肉於墜陷。
爾後我將屢屢回到此處

聽不見鷹唳、以石頭的重量、聲音裏的風
血液在被雪豹牙爪裸劃舔舐、我在　　　下墜

路掛於更高的高度上
以狹隘呼喚
以霧鎖的顫悸呼喚走索者
　　——我將踏入脊背最窄的
　　　夢之高練上。

只我一人記得，秤與天平上的靈魂。

## 合歡山脈

莊嚴山靈自雲翳內逼視，海洋不斷
湧來身軀；很快覆蓋拽動整個
峰脊間的浪群。你挺立頭顱拔升高度
你為季節下到大地前暫備宿所
平衡了冷和暖，藉由落石來與時間對奕

你貯養森林樹叢攢存禽獸蟲蟄，林莽
蒼鬱群峰攏合
合歡山脈，桀驁立豎雪線，陡峭崚峋
網罟般撒曬，以太陽的火月亮的燧石
擊燃我俗夢的大悲喜

我向之大喊的山喲——
你延宛鱗甲浪群，濬匀向東向西每條
河川源頭；葉脈一般左右匯流入峽谷平原
躍動山石心臟之涮漱；閃電劈裂　狂風驟起
向我喊吼不息的山喲——
風和響動龐闊的湧現，人民的聲音、我父母
孩子的聲音，我自己碎石磞裂。你告訴我
聲音是不真實的、肉體極短促；而我的
名字不是現在，不是過去，更非一一亦會
腐朽的未來
　　　　我因之泣下
　　　　我說、我說

聲音與存在即不真實
我倆此刻以心彼此相覷。
我向你要回一樣東西；
風是你的，頭顱我可要
帶回去。

## 宜蘭冬山河

這河清澈源頭的是噶瑪蘭人
賣地契單薄手印畏縮印濡在黃漬紙張末下端
遙遠蒼茫之霧泌出涓滴，流湧出兩岸
卵孵一代代水鳧魚鰻來傳述這河
最先初生的甜津如乳，龜和螃蟹都曾嚐過
噶瑪蘭生命泉源的河之稱呼，已遺忘為
冬山河的現用名姓；文獻所記噶瑪蘭人叫喚
鄉愁之樹的ㄍㄚㄙㄡˋ，已夭亡在那處地域？
ㄍㄚㄙㄡˋ是月光的祕密，噶瑪蘭已完全忘卻
日、黃昏、夜……茄冬般守待

我是不是也能檢出這月光裏的祕密姓名
所檢的、白天全變回了石頭
葛瑪蘭成了埋下的石頭
冬山河和所流經的一切
我祇明白誰都不屬，大海逆潮傳回了語言
我們都是葛瑪蘭過客、包括了巨大遺忘

——選自二〇〇四年十月《創世紀》一四〇—一四一期

# 連水淼作品

## 望雲

孤獨鎮守天之一隅
自成風景的　一朵雲
黑　灰　濃　淡
調撥心情
使我的思緒
起　伏　隱　露

斷了語言　的
相看
了無消息

一默平安
世事　人心
一念之間千變萬化
無言的遙對　　乃
最單純的貼心
我正要起身
野地蹦出一隻蚱蜢
一隻野鳥　　剪過
你的裙擺　　天色就打烊了

——選自二〇〇六年三月《創世紀》一四六期

## 首日封

### ——追念父親

您從辦公室　寄了
一張首日封明信片

回家給我　斯時　我十歲
您說　存愈久　價值愈高

信　從書櫃蹦出來
眼一閃　心一轉
我已過六十

郵戳上的日期　清新
明信片發黃　追念的心火紅
光一顯影　虛極密稠

這是再出發的　首日
您回首看我嗎
天亮了

——二〇一〇年三月二十九日清晨．台北
——選自二〇一〇年六月《創世紀》一六三期

# 稻亦有道

磊落的　穗
垂眉如菩薩
已登初地　更向
十地圓心
說低頭即非低頭
是名低頭

淨業圓熟　道糧可資
以：色　香　味　接引
一個又一個
初機

——選自二〇一二年六月《創世紀》一七一期

# 許丕昌作品

## 稻草人

隨著分佈
田野裡
或爾栽植
在最低的姿態下
不會不具人形

就把你當風景吧

塑膠雨衣的你
破爛T恤的你

極其草率的
某種形成——
被紮上十字竹竿的
你

這會是萬法歸宗嗎？

要我怎樣尊你的十字為聖？
你並不是那受難戲碼中的誰
無人為你戴上荊棘的冠冕
且刺你流出血來
無人迎駕你
成為教堂聖殿上的
輝煌
你的十字不涉救贖
亦無關永生

而唯一可確定的
竟是你
無血可流

被創造而無靈魂
被差遣卻違論功過
透過你孤薄而荒謬的影子
竟乍然敞開莽莽天地的無際臨在
稻草人
我以秋火祭你
　以淚光祭你
OM 以宇宙中最神秘的溫柔
祭你

稻草基督

# 赭色與暗紅

那段日子隱蘊著赭色與暗紅
不知怎的
就把妳暖著入甕

今夜　花影與燭光　與
我們
都靜下來了　很靜　很靜的
結為
明晨的一顆
露珠

——選自二〇一〇年十二月《創世紀》一六五期

# 周　鼎作品

## 有情世界
### ——周夢蝶永遠是周夢蝶

可儒
可佛
可老莊
釘在十字架上
也可以是耶穌

一具骨架子頂著
發亮的顆頭

並非無情
更非絕情
而是多情甚至癡情甚至
情癡而迷
而周夢蝶的千絲萬縷
不結
不紐
不空而空
空而不空
非色亦色
色而非色

做人如作詩
如寫字
一句不苟且
一筆不潦草
詩有詩的清奇

字有字的瘦硬
人有人的風神

穿一件長衫
除了露在外面的頭和手和腳
長衫裡面好像空無所有
常在腰間繫一根繩子
用以證明自己是
實實在在的周夢蝶
別人如何看
是別人的事
出門必攜一個大布包
要用的物品俱全
少不了有書
手勤腳快
除了盤坐
從不讓自己有多少空閑

虔誠信佛而不想成佛
寧住煩惱
不住涅槃
周夢蝶所留戀的仍是此岸的
有情世界

——二〇〇七年三月
——選自二〇〇七年九月《創世紀》一五二期

# 張　堃作品

## 江南詩抄三首

### 陽澄湖畔吃蟹記

那幾隻杜牧詠過
陸游讚過的青紫肥蟹
這一刻
紛紛由七言絕句裡爬出
全都來到餐桌上

我持螯剝殼
又頻頻舉杯勸酒

一夜下來
還是吟不出半句詩來唱和
只吃出了
滿嘴滿手的腥
以及
窗外一抹
半醉半醒的月色

（1. 24. 2012 Tracy. CA）

## 古鎮同里

烏蓬船
才緩緩離開埠頭
時間就匆匆過了千年
我問歷史
宋朝究竟有多遙遠
難道真的只是穿過橋孔
到水巷盡頭的距離

又問
短短的航程
怎麼可能回到隔世的岸邊
當船划進
江南絲竹悠揚奏起的
水上煙波，划進
一卷宋人話本小說的內頁
我才恍然明白
上船前
在南園茶樓聽來的故事
全是出土軼聞
轉眼間
也是千年

（2. 5. 2013 Tracy, CA）

## 夜宿蘇州

今夜投宿的五星級飯店

上床後
竟像一條船
泊靠在京杭運河的碼頭上
聽罷雨聲
聽風聲
又聽河浪拍岸
再聽遠處傳來幾句
瘖啞不清的鐘鳴
以及隨著鐘聲而來的歷史餘音
半夜醒來
隱約聽到古箏獨奏
斷斷續續撥弄的曲調
上完廁所
被抽水馬桶
一陣嘩啦啦的沖水聲沖走

（1. 26. 2012, Tracy , CA）

——選自二〇一二年六月《創世紀》一七一期

# 古　月作品

## 陽光島嶼

天空有雲飄來
隱藏著詩人的風聲
說異鄉流浪的日子
缺少雨水的慰藉
只能在虛幻中惆悵
令不羈的靈魂
荒廢

而我　猶自沉溺於唯美中
眷戀著的那一抹紅嫣

早已隨春逝去
心室鬱黯
無法隨著詩歌縱情
唯有向陽　就著光
才能移動深陷的腳步
奔向蔚藍的島嶼
尋回我斑剝的翅羽

面對千年之前的海濱
落睫處　秋海一片
夏日未開完的花
陽光下　翩然依舊
鳥叫　蝶飛　如雪的芒草
在狹窄的棧道　岩壁處
色澤生機蓬勃　開謝自如
讓浪起浪落的歲月
歡愉　嘆息　靜好

我凝視的目光
投向最遠的那片藍
你的帆漲滿了鄉愁
已水過無痕
只有落日在海上燃燒
終至色淡如煙
天空幾聲雁啼
將夜幕拉長
海與月光下
思念滋長瀰漫
瘋長如水藻
如洶湧的潮汐
每一波動　似靈犀的牽引
欲深入心海探測
讀你　比讀一座島更難透悟

這是座陽光島嶼
空氣中洋溢著詩的氣息
綻開心　伸展夢的翅羽
飛向島嶼
尋求陽光的護庇
請予溫暖的流淌環抱
讓冷寂融化
就能蕩漾出纏綿的波光

夜裡　且聽
浪花激起的聲音
款款如詩的傾訴
是夜的私語
伴我
依泊在島的臂彎
圓然入夢

——選自二〇一三年十二月《創世紀》一七七期

# 游喚作品

## 番鵑

——台灣關雎

一、

我們學會了摺紙鶴，卻忘記紙鶴的典故，它偶然的現身，帶來幾粒聲韻，拔高拔尖，散放在河堤走道上，行人只顧運動強身，兼且養生，呼嘯，彎腰，練氣，人間的河如此混濁。

它，喀喀喀，嘎嘎嘎，聲聲不息，已叫出春意，更叫涼了夏之香氣，可惜行人只顧趕著清晨的河影，忘了它偶然的叫聲，一直保持忠誠的音調，並且，暗示了某些訊息。

## 二、

我們學會了考證關關雎鳩的旨意，卻不敢移植關關一詞，更別說聲、色、香、味兼備，只用長長尾巴，與暗藏咖啡色的身影，就是一切旨意的它。

它，到底是鳥是詩是大捲尾，是烏鶖，是樹鵲，是山娘子，是黑色的鳥等等，好久好長的考證學問，至今我們還是只懂考證，不知道典故已經移植到河邊了，典故的河氾濫好久，河堤卻沒有加寬，行人無端地匯聚成河，且淹沒，且沉淪，再也聽不進它悲情的幾聲。

——選自二〇〇四年十月《創世紀》一四〇—一四一期

# 竹雞——散文詩記

三隻一盤？或者，四隻一盤？

近年它閒步走下山來，尚未站穩，就急著想聽聽人間的事、報紙上的虛構、遊行的設計、水的問題、火的美學、成人熟女的人工美。

四隻一盤，或者，三隻一盤。

童年，它也是從這個角度下得山崗來，那時候，它不為公事好奇，只是，無端被編輯，創造原版的故事劇本，阿公阿媽保存下來幾冊？

今年？明年？又來的形象，除了情韻依舊，是否它那不聞不問的風骨，還在？還在？

——選自二〇〇五年六月《創世紀》一四三期

## 刀豆——散文詩記

荒野、河堤、加在一地的煙霧中。昨夜一場夢，一行一行刀割的句子，醒來，忽變成一行一行的細流。刀豆是慢慢長出來的大地紫石。與初秋山芙蓉，一高一低，一聚一散，譜出入秋以來第一聲嘆息。

向的

落昏　刀

息黃

嘆

——選自二〇〇五年十二月《創世紀》一四五期

# 楊　平作品

## 在夏日的恆春半島，找你

傳說中的青鳥口啣一粒種子
預兆著古人類的命運
長年掠過恆春半島上的黃頭鷺啊
隨著定期浪遊——多少年來
你和你底夥伴
早已成為童年、少年
漫步湖畔的我
直到今日
都是青春最美的一頁音符

童年的恆春半島
海洋與候鳥的家園
少年的恆春半島
汪洋的藍中閃爍著啁啾雁影
一襲白衣的恆春半島
伴著四季的風和
豐富了亞熱帶的天空、夜晚、和傳奇

此刻，懷著近乎夢幻的鄉愁
南下百里，一顆久困密室的靈魂
在夏日的恆春半島，找你！
當第一道激情的浪濤拍向心田：
快樂爆炸！

活躍的斑鳩早已忙於求偶
有的築巢、有的孵蛋
輕跳的照顧下一代

一隻隻小雲雀和臺灣畫眉
交相唱出歡愉的草原之歌——
而你，我湖畔的友人
是否已伴著縷縷白雲，穿過
紅塵與澄藍的交界帶
來到三面碧綠的國家公園？

我不知道。一顆飽漲的心
突然隨著遠方，一尾侏儒掠香鯨的擱淺
瞬間凝定：青蛙仍在望海
船帆石卻變成了一張苦臉……
潮音朗朗，述說著多少天地奧祕
卻不見你那風華又熟悉的身影……
惟有砂島的貝殼沙灘
仍閃爍著戀人最愛的那種白……

黃昏了。負手，佇立於鵝鑾鼻燈塔前

默默感受著天涯的壯美，和亙古以來的無常：
排灣族的鼓聲已迎風消逝
一地的珊瑚礁林卻斑斑在目
百年前的南台灣　千萬年的大沉默
也許海的歷史即島的命運
黑鮪魚、熱帶植物、和應季來去的候鳥們
都曾近乎宿命的見証，又見証……
在夏日的恆春半島，找你
一個聲音告訴我：
除了那份化不去的思量
天空、大海、和觀鳥人共同夢想的家園啊
可以更燦爛些嗎

——選自二〇〇五年十二月《創世紀》一四五期

# 須文蔚作品

## 橄仔樹

從來我們就以橄仔樹當作紀念碑
僥倖逃過屠殺後，在新的故鄉
在淚光擰歪的風景中
祖先栽種下流亡的記憶

從來我們就把荒野當作孤寂的空房間
像個孩子哭喊著尋找殉難的媽媽
族人們讓恐懼挖下了聲帶
一口吞進了食道裡
我們的歌是焚燒過的稻禾

在稚幼的樹苗前悄然地飛上雲端
從來我們的童年都在橄仔樹下嬉戲
樹影濺溼孩子們的夢想，灌溉出
高大俊拔的樹幹不斷貼近上蒼
風與綠葉密語著翻譯出的不是遺忘
是光合作用後的哀嚎　鮮血　淚水
讓時光寬容地收納入甜美的果實中
從來我們就以橄仔樹當作紀念碑
颱風也吹不走流浪的碑文
教白鴿在枝枒間朗誦且棲止出一叢叢美夢
教野百合在濃蔭下歡唱且綻開出
去而復返的幸福

註：橄仔樹，噶瑪蘭族人稱為 kasu，相傳是馬偕醫師到宜蘭傳教時，帶給噶瑪蘭人的一種的西洋橄欖樹，為族人以聖樹珍視著，當噶瑪蘭族人避居南方時仍不忘，攜帶隨之南移至海岸或山邊，植於庭院間。

# 陪父親看失空斬

陪父親看失空斬
在馬謖立下絕命的軍狀
昂首走進史冊前，來不及惋惜
我已屈從於昨日加班的勞累
睡倒在沙發上

夢中猶是光棍的父親羽扇綸巾
站在滿天烽火的城樓上，身後
是和他一起潰散渡海來台的弟兄，面前
是如雹暴般落在平野的刀光
鑼鼓點，一聲聲把恐懼折疊在石藍色鶴氅中
談笑間，以一張琴洗滌眾人耳中亡靈的哀嚎
父親把滴著血的劇本一把給擰乾
拋給戰後出世的我

我撿起腳本，跑著龍套
望著退卻敵兵的父親揮去滿臉的驚險
急忙調兵遣將
張羅柴米油鹽
與海島上不共戴天的偏見搏殺
廢棄一座空城
建築新的城鄉

我拋開腳本，跑著龍套
貪婪地撿拾戰利品，全副武裝後
成為蜀軍的逃兵。在風中依稀聽見
久未票戲的父親唱道：
「閑無事在敵樓我亮一亮琴音，
　哈哈哈……！
　我面前缺少個知音的人。」
過門中加小鑼一擊
司馬懿還來不及唱西皮原板
　我讓父親的寂寞給敲醒

——選自二〇〇九年九月《創世紀》一六〇期

# 楊柏林作品

## 從土地出發

### 一、陽光的午后

生猛澎湃的能量一如饑餓的豹
此刻幽然沉潛在森林內境的溪谷中
用自然的芬多精治療城市的傷痛

### 二、四　季

以河流作為四季生活的思維
在十二月令的潮汐裡
由月圓缺主導，演出禪機

任何時刻都有簡易精妙的高潮

## 三、空間的果實

果實在美學的國度中
具有視覺、感覺與觸覺的本質效應
而人和自然界奇妙的生命交流
由精深博大的藝術形式
在建築的大地上
培育一種形而上的空間果實

## 四、在自己的土地上跳舞

無論國家未來以何種方向迎接廿一世紀
我們就是愛這塊傷痕累累的土地
我們仍然要在自己的土地上收割
在自己的土地上跳舞
在自己的緯度發光

## 五、綠 洲

生命的本質是流動的狀態
穿過掙扎或喜悅的意念
將一如浮雲，一如流水
只有愛是我們永遠的綠洲

## 六、繁星不滅

你深沉睿智的眸光
說明宇宙仍在擴大
我夢想 DNA 的飛行器
就有無限的空間翱翔

**註**：六個標題就是六件雕塑創作概念

——選自二〇〇四年十月《創世紀》一四〇—一四一期

# 張國治作品

## 素顏

——二〇〇四年往祖父家鄉惠安淨峰寺探訪
弘一大師李叔同故居

那案上，我輕輕取下
撫觸他用過的牙刷
手柄木質裂開悄悄腐爛，這源頭清癯黝黑
令人無以想像這素身之前有過的光滑細緻
主人不在家，不，已不在世
但這又有何差別？
所有的用品清簡，自若安靜擺置

一如他圓寂的神態
又如晚年素樸無華的字
內蘊深藏
空蕩灰白地板，清寂而幽
皆說明繁華過盡的真淳

都計量好了，三天前，三個光年皆是
就在眼前，這小小的宇宙
六個月每晚身心安頓的床塌
他入定，在這什麼都沒有的小小空間
想些什麼？頓悟些什麼？
除了風，光影躡躡
從門楣間隙，從窗櫺
悄悄進入，我無從進入
我不捨
想像他最後的身影照片

他手托倚入世頭顱，微抿唇角
不曾焦慮，無有恐懼
等待大圓滿，永恆的寂滅

彷彿一切都是夢境
到最後都要轉身，不再回首
八月陽光少女解說員靜靜
關門，上鎖。

——選自二〇一〇年十二月《創世紀》一六五期

## 青苔檯階

不要再細數
多少踉蹌、失足
止滑的歲月
從我身上爬行而過？
探詢那未竟之旅

或我這一身
佈滿苔綠的軀體
究竟潛藏多少
驚心歲月！

四月，下過雨後
陽光未走完的檯階
顫顫小心踩過

山中有白鳥飛掠
即將落日
晚到的星辰
或窺月相映
而眾修與我將自在
如流水

——選自二〇一二年十二月《創世紀》一七二期

# 李進文作品

## 變形金剛與詩人

當一輛卡車稀里嘩啦變成金剛
突然我有菸癮
背景，天空長得頗俏麗
金剛偉壯而且每天努力變形
為了救自己回到菩提心
金剛經常演出，忍辱
穿過不肖子孫噴出的白色菸圈
如果卡車只是憂愁自己是卡車
老杵在原地歎息

不再變花樣，鏽就悄悄爬上唇緣了
所以要鬆
才能動；要不斷求變直到極致
才保持沉默

變形金剛一直續集
倒也不是故意
為了適應社會，為了降伏其心
情節或許令人昏昏欲睡
然而動作俐落……
是的，每一天都需要有所動作
讓自己活出聲響

決定變形
在快樂或者不快樂的每一天
像你這樣一個金剛不擅於社交手腕
關節有雜草也有鄉土
拒絕猥瑣地隱形

金剛最看不慣眾生可憐自己
活下去與死去，這中間
厚度只有一張紙片
你用那麼粗的手指寫點鋼鐵般的
硬道理——然而裡頭柔軟
確定是一部祖傳的金剛經。

突然我有菸癮
因為難關太安靜……
我正式宣布其實我是變形金剛的後裔：
夜裡寫著無法改變人生的詩句
白天是寂寞的上班族
然而我每一天
自菸圈一樣的零開始，以易壞之身
向祖上金剛學習鋼鐵般的意志
永不變形

——選自二〇一二年三月《創世紀》一七〇期

# 物傷其淚

雨把長路打彎，而曲著、扭著如蝮蛇
竄往楚辭，窸窣如問
問前途時時刻刻
該如何？
今天我把國家遺忘在一輛計程車上了

左邊電視如妖，右邊世界壞掉
物價趨遣四月叫囂
趁改朝換代，百鬼夜行撕商標
因為風格不再有價值了
生而為人幹嘛一直對不起？總之繼續
活著就誤會大了

燈服侍心眼直到全盲

將年度詩選打散蹦出青蛙，嬉戲
在小池塘：
蓮花，藻類，福壽螺，以及花蝴蝶
意義剛剛無業

遂想到廢紙忍辱受過大小道理
廢柴排列一個愛字，點燃，遂有了光
陰影形成，倒下，撞上鐘
時間傷重
我把政府夾在一冊聊齋，讓它痛得
鬼叫一下，再死一次
百官有點像下雨，夢是另外的天氣
雨不斷釋放蝮蛇
蛇向油、向電
像升高的苦楚，充滿殺氣的潮溼

——選自二〇一二年十二月《創世紀》一七三期

# 丁文智作品

## 餅　說

一上鏊
就把我們自己圓成
那種你們無可挑剔的滿

生之展現
看似曇　而又
略勝於曇的是那種
勇於對塵世之看破
也對有些用手之撕裂而不屑

我們寧願鼎鑊
這是你們人類有色眼光作怪
不如此
何以蛻變
不及時掙脫那層宿命的皮
怎能再次輪迴
　成一如此之白
　之透明
　之香氣撲鼻的
那種人人稱許的餅之香甜

我們何嘗不知
忍的工夫
是所有修為中最難的一道習題
不像晒穀場上有習習的風
如今
我們全身上下都是火

但我們不得不接受
因為
這是脫胎於麥後
努力構成於目前的這種自我

因而我們說
只要有人關注
只要你們不再吃食「垃圾」
我們就願接受這種煎烙的
折磨

## 粥的反思

糊化
既是你們人類追求吃的方式之一
時間不偎逼

我們自會坦然接受

只是　那種黏
一但沿著鍋壁
膠成一圈螺旋式的死浪
我們原寄望於
那層
帶點欺瞞性的煙幕
就一清二楚吧
不要再想離間誰
或　朦朧誰了

既至真相大白到
由夢的擴散
變為　薄稠相當
便自鼓噪的碗筷
印證出你們這種千思萬想的　饞

可曾有誰想過
一口香甜
完滿成一種記憶後
在死透的熬煮中
我們　何以再輪迴

因而　米
在心不甘情不願下順從了水
但　一但被識破
苟合裡
全是敵意
才湯湯水水　未能成其為粥
你說　似人們這些性急的饕客
能不在我們鍋底再加把火

於是它悵然的想

自己雖被拖累到全身熬成泥
不過始終對水難以認同的是
都被人家變了性
還趾高氣揚成那種不羈的
落拓樣

——選自二〇〇五年十二月《創世紀》一四四期

# 方　明作品

## 寂寞局勢

### ——下午茶隨筆

開始繁殖的下午茶渲染成
高貴的休閒　其實
那是孤寂靈魂惝恍的凝聚
咖啡與釅茶無法沈澱裊裊的唏噓
切片的傷慟如塊塊方正的餅乾
入口香脆卻淹沒在無法消化的腸胃
呷啜剔澈的果汁搖攪透明的話題

統獨黑金整形外遇
都是無法曝曬的交易
自助式點心最易揣測貪婪的窘態
總希冀盛夾滿盤甜膩的幸福
一路隨手採擷竟是煮熟心事的沸點

隨著夕陽打烊
體面的俘虜開始潰散
回家後仍是那張爬滿慾望的單人床
或兩個從不相疊的枕頭

## 驚　雨

雨季來時總鞭醒我濕漉的慾念
那是一種蕭瑟的快感
猶似童年時蔽躲在室內
仰望屋簷淅瀝滴落的水珠

便轉身蜷縮在母懷裡之溫慰
及長，凝視雨顆斜落心儀女孩的髮茨
滋生成披散在肩上的根根愁絲
便有一股將之撫順的衝動
然後渴望緊擁成歸宿的承諾

在人生競技場輾轉成結實纍纍的
理性　　透視了太多的疏離與食言
仍悄悄祈盼微風霏雨
潤澤歸真返璞的赤裸身軀

可以預言晚年的況味
從編織的雨網裡踟躕在傷懷之深淵
緘默的時間開始風化
鐫刻在窀穸空上感性的囈語

——選自二〇〇五年三月《創世紀》一四二期

# 始末

有一幅淡淡的哀愁
自山色水光逼近
巠匝充滿驚悅的邂逅
然後被飄渺的歲月梳理成
戛然停止的無奈

曩昔熟悉的甬道
清晰如鏡裡影子
觸摸時只會沾上塵埃
以及令人無法跨越咫尺
那種心痛的距離

縫合傷口
同時縫合逐漸僵硬與倖存的心
沿著生命的始末燃燒

——選自二〇一三年九月《創世紀》一七六期

# 落　蒂作品

## 菊島風情錄

### 一、雙心石滬

她在岸邊畫一個心形
他也在胸前畫一個心形
於是
他們雙雙游了進去
再也沒有出來

### 二、風　櫃

痴立海邊的你

可不是什麼
鐵石心腸
每次海浪痛襲
還是發出
沉重的哀音

## 三、發電風車

貧瘠的海島
只有向天揮出
求救的手
八根瘦弱的天門
傳出
成千上萬祈求的聲音

## 四、林投公園

是誰在那裡等我
一直不斷搖晃的影子

原來是水上摩托車
掀起數十年前
在我胸中
從未消逝的浪花

## 五、澎湖開拓館

島上先民帶來的羅盤
竟然放在
這座和風式的建築中
於是
黑海溝的海浪
狠狠的痛擊著我

## 六、石轀文石陳列館

一群藝術家
正從灰濛濛的礦場中走出
站上展示台

以色澤亮麗的後半生
向遊客招手

## 七、天后宮

觀光客走在中央老街上
冬季冷風中的游魚
一尾一尾游進宮中
又一尾一尾的游了出來
本來瑟縮的身軀
因滿心歡喜而抖索起來

## 八、二崁古厝

天井牆上的突出物
山牆的鐘指向三點半
陳家老宅最多遊客發問
讓二崁聚落重新
活了起來

四十餘間古厝
也活了起來
有人站在民俗牆前
大聲朗讀有趣的台語褒歌

——選自二〇〇八年十二月《創世紀》一五七期

# 辛　牧作品

## 你可以再靠近一點

你站得有點遠
像遠方一株
孤單的樹像黃昏
漸次失明的太陽

我只是太空中一顆
有點遠在
太空望遠鏡的視限之外
我以我自己
發電發光

我讓太陽和月亮孤獨
你無須遲疑
你可以再靠近一點
我將因你的溫柔
而蛻盡
身上的芒刺

——選自二〇〇五年九月《創世紀》一四四期

## 才不會忘記你呢

一片天空
在我的視框之內
不大也不小
一朵雲悄悄的飄逸

一陣雨輕輕的落下
雲是一條船
在雨水上行走
你在船上
頻頻向我招手
你的影子在急流中
不斷的沖印
在年輪裡一再洄漩
才不會忘記你呢

——選自二〇〇六年九月《創世紀》一四八期

## 廣場黃昏

……直到某一天
廣場從神聖

不可侵犯的夢中
一群鴿子
二戰時滿天飛翔的軍機
飛下
飛上
滲彈四射
把整座廣場
滲得
比雪
更白
更冷

## 躍進

他緊抱著一張泛黃的肖像
如祖先的牌位
他曾經是個武林高手

尤其手中的血滴子
在風雨中
呼呼作響
輕易摘下徒手的
對手的腦袋
如今
他甩甩滴血的雙手
說他已退出江湖了
穿上輪鞋一溜就過海了
在豪宅裡
供著一張肖像
在醇酒女人之間
夸談著民主人權
像個受洗過的人

——選自二〇一三年六月《創世紀》一七五期

# 墨　韻作品

## 石磐瀑布

幾萬年前　雪
山凝視著台北盆地蘭陽平原
幾萬年後　縱身而下
天干地支間　四稜砂岩畔
找到一支傘作槳划入雨季
以槳代筆
一筆行草左撇到了現代

順勢轉了個身
化成飄揚的絲帶

繫在欄杆上　神氣飛揚
甩甩衣袖
抖落人間塵埃

喘口氣
便在石澗間化作長羽孔雀　站定
振翅飛翔　滿山的驚呼
往天空一看
不見你的蹤影
而我們卻呼吸著你留下的清新空氣

——選自二〇一二年九月《創世紀》一七二期

## 軍艦岩上

不記得是否從大陸南方小鎮揚帆
帶著我稚嫩的語言

來到芒萁鮮翠的河岸
往事都一起編入芒萁的籃子了

一段武俠夢的口沫橫飛
木山層留下我少年的劍
漂浮著台北盆地金黃相思木樹影
映著蟛蜞菊花海上的星光

脫下爆熔岩黑色外衣
米色坡紋映著擎天崗的雪
褐色鐵礦砂吹過我的臉
中年的我隱身山林
黑色烙鐵衣斑駁
一路桃金孃艷麗

沼澤濕原
關渡平原稻香習習

淡水的波痕深深
石梯上風化紋層層交錯
夕陽復夕陽夏日風暴復風暴
呼喚著落日星光劇場
還不到頤養天年的時候
來到萬年前巨石山路
瞄準北極星
聽到遠在叢林外的天空散步
岩風強勁
是從宇宙吹來的嗎

——選自二〇一三年十二月《創世紀》一七七期

## 龍船岩

從縫隙往下看　幾世紀
是來處
海底世界生物悠遊

360 度亦幻亦真
晶瑩剔透深不見底

往船舷看
群山環抱的碧波
在晨光裡到處浮潛
雲海如絲如錦
山下的城市淡藍在霧中
是一片讓人屏息的海洋
俯臨深壑
登高眺覽視野遼闊

收起飛槳
説走就走　衝吧
學會了跳上火車高鐵
還有文湖捷運線
夜晚　星空化成魚群

遨遊在高空
看一看不一樣的美麗
但這只是冒險的序曲

午後　繫纜在
紫雲黃氏古厝邊江夏屋
翠鬱的山巒
青苔橫生扇蕨豐茂
躍岩路徑
浮沉在長夏蟬鳴裏
和著鐘聲
繼續帶自己去旅行
隨著松山機場的航道
夢想盤旋而起

**註**：龍船岩在內湖石崁，近碧山路62號「黃氏古宅」。

——選自二〇一四年三月《創世紀》一七八期

# 劉小梅作品

## 人生協奏曲（四則）

### 之一

瓶上的花枝伸懶腰
一腳把年節
踢出窗外
靈感趁機溜進來：
可否借住貴府

### 之二

池塘裡的春天

被我輕輕
掐下
藏入眸中
風要將它搶走
休想

## 之三

誰在打招呼？
回眸處
一個不起眼的角落
小小的美麗的牽牛花們
集體向我怒吼
別只顧走你自己的路
踩疼我們的腳啦

## 之四

一群蒲公英

心甘情願守護著
那間無人聞問的破陋
茅舍
幫它領取
春風秋雨
以及
未必每天都來的
陽光

——選自二〇〇九年六月《創世紀》一五九期

## 生活協奏曲（三則）

### 之一

堅持
一身潔白
鷺鷥聚精會神

眺望著
靈山勝境
草木為之輕狂
時間忘了挪移
夕陽使出全力
為牠燦爛

## 之二

花在字裡行間
奔跑
汗水涔涔
別再被詮釋成
淚
倦極
她就啃著書香果腹

## 之三

空無一人
傘
決定自己看海
寂寞嗎？
一陣風砂路過

搖搖頭
它說　你看
秋坐著船來了

——選自二〇一三年六月《創世紀》一七五期

# 徐　瑞作品

## 根

黑暗裡
奮力爬行以怒氣
倔強扎探以恨意
吸養收精　讓
我的另一身
在天空下於疾風中
長髮狂舞雙臂大展
呼喚馳雲

叫住飛鳥

## 自畫像

滄桑之不可解
來自前世
古老的靈魂
孤絕幽秘

繆斯嬌嬈
含苞待放
宛如一朵　開在
斯芬克斯耳際的
粉紅色牡丹

**註**：斯芬克斯古希臘人面獅身女妖象徵神秘難解也是加拿大品種貓的品名，無毛，造型奇特。

——選自二〇〇八年九月《創世紀》一五六期

## 風　鈴

風鈴狂亂的響起
無辜的春風
輕擺裙裾款步而過
回眸一笑

## 焚過的溫柔

為何獨你喜歡
焚過的溫柔？
情愛過火後之溫柔較嫵媚？
滄桑歷練後之溫柔更入味？
還是——來世的溫柔最純淨？

我深信
焚過　就會轉世
玉潔如
一朵雪白色牡丹

# 我是貓

腦子裡
繆斯穿梭
陰陽交接

漸漸的
演化出一顆晶球
精巧晶瑩而敏感
隱藏在我毛茸茸的
額中央

靜悄悄的一躍啊
幽谷我的原鄉
深潭墨黑
一列巨石佇立

尾巴輕揚
我暗自竊笑
你以立的姿態
堅持千萬年
我以蛇舞的身段
輪迴一世世

累世的刻骨的愛慾
冰裂　哦
不要怪我的雙眸
寒綠

——選自二〇一一年三月《創世紀》一六六期

# 楊　寒作品

## 西班牙，現在有陽光嗎？

穿越時空的海面
如意識凝聚在波濤的海面
我想像，必然有什麼涉水而過
以耀眼，以神喻的訊息
接近誰幽暗的靈魂

有明亮發光的粒子呼應更多白色的
羽族降臨遠方，使閃爍明暗的
在今天的情節裡開放你的視域
也想像有貝類

輕輕撞擊冒險故事中，熟睡著的
沉船：我們亦只可能漂流在
載浮載沉的
時光裡

可是，西班牙，現在有陽光嗎？
清晨六點，我無法探求的未知，
停留在
共同的海面
我們不曾沉沒於誰的憂鬱
就讓，意識輕輕敲擊彼此的船殼
維持一種——
剛甦醒的姿勢，
期待生命昇華以燦爛的飛翔，接近陽光的
具象成形；

# 九號公路，二〇一二

我肯定是不願意再流浪的
剪輯一段公路連接我們柔腸寸斷的回憶
走過柏油路般黑色的情節，我肯定
不願意在山與海的邊界繼續

我們的故事
說那些嚴峻的山壁會因無由來的風而碎裂
我的容顏也會因誰的惆悵而
衰老

我肯定是不願意再流浪的
撞擊公路上的空氣如撞擊我們星隕的心事
啊，倘若
我們的哀愁有里程數

我們要用多大的計數器去測量那些悲涼
我們要如何組織彼此的
探險隊前進公路的旅途，在深沉焦慮的太平洋與
風化欲裂的山壁之間
我們心事如壘壘的落石又砸中誰的
惆悵——

九號公路，我們迷路了。

迷路，就是在地圖上找不到自己的位置
走不出我們的情節

——選自二〇一二年十二月《創世紀》一七三期

# 龔　華作品

## 花蓮紀行（六選四）

——二〇〇四年七月九日到七月十二日

### 巴拉告 Palakau

嚇著你了嗎
我的腳步已放得很輕

馬太鞍的阿美族人跟我說
在溼地裡
他們做了一個魚的家

筆筒樹　九穹幹　細竹枝
為魚編織的夢
在夢域外　我低著頭
羞赧地看著貪婪與慾望
自城市　我們帶來的

沼澤地裡你習慣了的
污濁的語彙已滅絕
你便害羞的潛進巴拉告的搖籃裡
以致我再也見不到
你的笑與淚

註：巴拉告 **Palakau** 是阿美族語，意思是在魚塘裡作一個魚的家。族人利用鼻筒樹、九穹枝幹及細竹枝等天然素材結構成一種似竹筏又似搖籃的魚類的棲息地。為馬太鞍天然沼澤地裡生態補魚池之奇景。

# 蓮荷煙雲

以為花期正好
踏上賞荷木棧道
溽暑還未散盡呢
花已紛紛消聲匿跡

帶走凌亂的紅塵
只怕你難以安心入睡
那一池遊客華麗的目光
想必攪動著你清逸的夢域
你寧願躲進更深層的沼澤濕冷地
那泥濘卻屬於純淨的
那　是你的原鄉

儘管昨日夢遠

來不及儲存前世的記憶
你將以殘夢吐放的青澀蓮心
警惕來生的命運
當所有的哀愁與美麗
蒸發作夏日煙雲

## 推窗

### ——和南寺的夜

迴向月暈的　是
太平洋的夜
以無邊無量之闃靜
一曲莊嚴法音
在菩提林間嫋繞的
是誰顫抖著攀緣心
努力彈撥

揮別紅塵的淒厲

推窗

不聞七月潮水濤音
乃　洗耳以心念
拂拭心中妝鏡以海風
乃　循夜露追尋
那悠悠滑過修羅琴的
無塵指尖

## 鯉魚潭邊

心急
如等待被放生的鯉魚
想那鱗光絢爛的大千世界裡
你將錯過什麼

當遠方來的鄉音
攪亂潭面上死亡的倒影
岸邊踏著石階的心情
被雲端拉扯著而上而下

如箏　你再次
偷聽到一則天上的
人間故事

——選自二〇〇四年十月《創世紀》一四〇—一四一期

# 潘郁琦作品

## 樹祭

——庭中老樹傾頹移毀的悼辭

透過窗隙
有一聲耳語
破混沌
而來
無畏的姿勢
迸裂
天地不再
局限也不再
與土壤相許了世世代代

卻遲遲不肯赴約

今日傾身作揖
無血無淚
只有長眠的誓言
蒼老了塵埃裝點的顏容
絲絲縷縷
用歲月丈量著傷痕的縱深
傳說還沒止歇
徒然嘆盡六十年星移物換
竟如此壯烈
尋覓著一方歸宿

不鳴而生
而死
在仰望的天邊
枝葉牽扯出一局

未竟的殘棋
車馬先行
老樹幹
將以輪轉的姿態
擺佈將帥的出征
彷彿
金戈鐵馬遍地
江山無限

每一條纜索
細起環身的裂痕
細起一甲子的智慧
把鬚髮的霜青
藏起
否則
辭行的告白
如何宣示

土下的意願不再
伸展
終將換出一世
再生
霍霍的鋸齒聲響起
陽光陡然亮開
樹蔭緩緩舒展
垂落
觀音千手的糾纏
將把蓮池
鋪就葉的喪禮
把綠色編成一首哀歌
祭奠他日每一截失根枝幹
灰化的莊嚴

——選自二〇〇六年六月《創世紀》一四七期

# 許水富作品

## 十三種沉默

1.
滑鼠坍塌的下游
誕生許多的獸
漂流在創世記黑暗捏造的雛形
爬向我單薄繁殖的腹膛

2.
所有的情人都在手機裡
偶有呼吸簡訊
也只是一行滑過的墓誌文

3.
夜雨疾植
一聲聲的辛棄疾空茫
在語意悲憫的胸肋中喊痛
如棲止腐植質的生死對談

4.
我藏在我自己的內部
寂寞慢慢乾涸
我聽見一個人的主義在蔓延

5.
霓虹燈勃起之後
夢開始在街頭灼熱亢奮
一個剛睡醒的女子發出金屬笑聲
天就慢慢的亮了

6.
日子在昨天和前天死去
今天又重新復活
我小心翼翼的敲響生命喘息
為薄薄的今天拭去最燙的一滴血

7.
愛人像蒲公英在我眼眸遷徙
惶惶的來又惘惘的去
又像藏在心中懸崖的巢
在轉世秘籍中帶走璀璨
8.
酒和D大調的囈語
竊竊意淫走過身旁的羅蘭巴特
然後猥褻緩緩行過的春天

9.三分之二身體長滿茂盛歲月
涉水而過的倖存者
仰望山海都是峰頂上的孤獨
10.器官和愛情捏成的永恆
一夜情裡的混音協奏
我聽到有人用標語焊成海誓山盟的形狀
11.三五行詩興
像一碗熬熱的米粥
填飽肚腹篇幅
反芻慢慢練習的構成人生
12.一則儲藏蠕動發育的消息
在我飢餓腹中排隊
等候貪婪的掠食
13.拿鐵在口喉中沸騰
您一字一句溫熱的獵取
像杯底的嘈嘈夕日
盛滿黑暗裡的啞語渾音

——選自二〇〇八年六月《創世紀》一五五期

# 嚴忠政作品

## 一枚核彈在胸前投下

自然雜誌的一篇核分裂論文，翻開在（註一）
皮下組織的最後一頁
這天星期一，土曜劇在前天才剛剛死去那個人
今天又死去一次

我以為她會步行到市場
討價還價以後就回到自己的氣味
像是八月五日，一九四五的日常
一條魚理所當然的爆香，不小心沾鍋
剝了一層皮，卻也下飯；我以為

他會在操場，比多桑的讚美更矯健
然後有意識的調整腳尖，不輕易踐踏草地
——不輕易佔據；故事的發展都繈褓於母語
板凳、雞籠在他的左邊
另一個叫小男孩的（註二）
在右邊，極右，中間有飼料、醬瓶……
怎麼會跑過來踢得太平洋濺濕一地

我以為甚麼地方你們都不想去
部署碗盤，與花香
花萼與壁紙是相同的圖樣
但風一吹，舉手
投足間，牆上綻放千朵血花，不凋，不謝
六十年了，沒有一顆露珠在葉尖晶瑩清晨
蜜蜂持續失明
在廣島，該摸索的春色
無邊，無量壽佛敲出一支送葬的隊伍

我們默哀於荒徑，特有種的磨菇
悄悄移植，被另一個海洋澆溉

我們用核能發電，關起房門繁殖下一代
隔海的抗議聲爆破一台軍車
大使從飯店出來便失去重量
而我們胸前愈壓愈重，彼此激盪
想著孩子的未來會不會有家國，國家
紫藤不分種族，盤根，向陽。
此時，隔街的抗議聲爆破一句標語
大使從歷史撤回，沿著我額前紋路
又皺又陡的險坡，憂悒與拒馬，種族與被種族
相互推擠，撞擊，如一場核分裂

本土劇前天才剛剛死去的那個人
今天又死去一次

註一：一九三二年德維克（Chadwick）在自然（Nature）雜誌上委表了〈中子存在的可能性〉，這是人類的重要轉折。中子發現後十年，也就是一九四二年，第一座「核反應堆」在芝加哥大學由佛米教授領導的實驗室中達臨界運轉，這是直接引用了中子引發核分裂而不斷發生連鎖反應的原理。接踵而來的是在一九四五年，觸目驚心的原子彈。

註二：一九四五年八月六日，美軍轟炸機向廣島投下一枚代號為「小男孩」的原子彈。

——選自二〇〇七年六月《創世紀》一五一期

## 感冒

因為感冒
昨天耗用你給的羽絨
也只厚重如江雪。我感覺
臥冰如果可以求鯉

我們的觸摸必然可以飽食
而你真的也來到胸口
在我咳出言不及義的菌種
之後你也感染了

大病初癒，身體雲淡風淡
我們才確定北半球
所有氣象都播報
沒有錯過親吻的我們
錯過了天晴，像一段伏筆
發展為某某腺發炎，高燒
不退的腦子
以為有肝就可以愛一個人

——選自二〇一四年三月《創世紀》一七八期

# 林芙蓉作品

## 與雅石對話

——中台山花卉雅石展之一

不管從哪個角度看
你的詩寫得總是比我好
多了生活歷練的平仄
和神秘幽邃的韻腳

你低聲說
哎，在這世上我失去了父母
只為尋找一個摯愛的窩

我穿越高山大川
一直走進世界的內層

擁有的只是自己的歡笑和淚水
也繼承了不少的遺產
每天忙著以風雨的彩筆紋身
又以流水的雕刀塑形

可是，夜裡
我常夢見
春天不來了
久久，我說不出話

——選自二〇〇七年六月《創世紀》一五五期

# 那把劍

## ——走進孔廟

孔夫子
您總是穿戴整齊的
鑽入這騷亂的世界
何止千萬次地現身

寒夜　渾身傷痕的遊子
緊握您的手取暖

在沸揚的紅塵中
您悲愴地吟唱
源自血液的吶喊
從深心喊出的血啊

有幾次，喪鐘在您身邊敲響

可是死神瞻前顧後
一再思量

只要您踏過去
便富足了那原本飢餓的國度

醒世的鐘一敲
又五彩了灰暗的天空

面對世人
慈悲堅定地說：
最後，我伸張了
那把仁義的劍
伴我遨遊
天下

——選自二〇〇八年三月《創世紀》一五四期

# 龍　青作品

## 履歷表

總在寫字。影子
在燈下綠了又黃
火裡生水裡死
就這樣
一個勁說話
一個勁開放

## 立　秋

現在我回來了

夏天，蟬
留在街道轉角的小公園裡
有人睡覺，電視開得很大聲
舊公寓裡住著的，都是
瀕老的人

人和人相罵，不說話
嗓音變成了鬼
沒有月亮時探頭出來喝水
花還是會開
植物的苦悶是有機的
無毒，無害

開門的時候誰在哭
哀哀的
你說是蟬聲，但不是
屋子中間是桌子

再來是門
一些更深的顏色
正往深裡鑽

## 月光

床前的月光，是我
聽見最好的聲音
到過山裡的人都知道

這一切，並不妨礙公路
像樹木一樣生長
夜晚來時
天會黑
光是透明的
沒穿衣服

人們點燈
他說今夜很冷
一些微小的聲音透過來
蝙蝠向前飛
花正在開

## 碎了

往水裡走，沒有人
注意我

他們說話
他們唱歌
花開過了

另一半是夏天
水很冷

屋子裡的人需要月亮
我在水裡向他們招手
沒有人看見我

輕輕一碰
輕輕一碰
就碎了

——選自二〇一三年十二月《創世紀》一七七期

# 黑　俠作品

## 愛情習題

我所知道的愛情
總是習於在轉角處撞臉
已沒有退路了，前面是雪
擁抱是寒冬

## 天空的院子

相信我，那些相片在對我說話
彷佛在說柔美的音樂突然變成山與山的談笑
老屋子滿臉皺紋滿口漏風

你是墊高天空的小小墊片。
難以想像的劇烈咳嗽
你的骨架，愈咳愈輕

是誰撫摸過你乾癟表情？
星星，都在為他的聽診器說話
一路上都是他的沉思與歎息，都是
蟲唧的荒煙與蔓草

你是搖搖欲墜的一張藍圖
定位在颱風、淋雨以及久經遺忘的病體
症狀：掉漆、氣胸及骨骼彎曲
必須按時服藥並需整脊整骨，天空說。
磚頭把你的院子架高，意志是水泥
大樑撐起夢，也撐起你
你遂把癱軟的身子坐直
坐直在每張被車輛迂迴的導覽地圖上

總算你氣色恢復紅潤，依舊
氣宇非凡，偶爾淺嘗蟬浪
偶爾豪飲竹海
胸懷大志的鞋，你仍惦記
但，你知道日子好過難過的
門檻不在天空，在腳下
在大片大片喧嘩山風與搔雨的樹葉
所以你打開窗
讓迷走都市的鞋聲
一行行進來

## 被時光融化的街景

歲月伸出兩排行道樹
托著大廈們漸漸老掉的下巴，發愁
窗戶眼裡藏得更深的

西裝、淑女裙、流浪漢
被黃昏瓦解的拼圖
一隻蜻蜓，要秋千停止抓狂
停止被風聲不停
不停抓狂幽靈的他們
然後路過的燈
然後路過的胡思亂想：
生活，就是好不容易一塊慢慢變老
就是一雙鞋子停不下來

一條街哼一條巷
哼著哼著
卻咳出感冒的十字路口
時光的年輪，臉上結網的蜘蛛
就這麼索性地
老了老了

老了的身體把老了的日子
黏在腳下，又把脖子僵硬、骨頭發酸
蠶食綠葉的情節放回床上
多像月光的鬍鬚
趴在窗戶邊學習，學習一個人
雙手交纏出一對蛇影
也學會飲酒、狂歡、朗誦情詩與做愛
一如臉龐
猶能繼續孵出雲與細細的雨
像一顆善感的珍珠
離開了貝殼

是啊，被冷落的黑夜
仍需要一條溫柔的手帕愛撫

——選自二〇一三年十二月《創世紀》一七七期

# 林禹瑄作品

## 兩岸

之後便不僅是一個擁抱的事：
你面對我，以及一片海洋
心事顯得寥落而渺小
「我懂。」這一刻或許可供紀念
回到往復多年的情節
都有相似的開始：
有人擅於留下
有人則樂於成為離開的部分

想像你在遠方的城市

節制，並且多餘
按時調整記憶仿如
逐日替換理好次序的內衣
這一刻我或許得到一些風景
陌生，而近乎透明

# 在我們相互平行的背影裡

我穿越第二座平原
你穿越夏季，信裡面
字跡穿越日夜，刪改明暗
還沒抵達準確的意義

窗外的風景穿越雨
成為夢境
一路南移，無有時差
如果我們錯身

不意把彼此留在原地

## 對鏡

Dans une piéce avec deux meme lamps , nous verrons plus claire ment ?

——《Lélégance du h orisson》

每日你複製情緒
套入空白的布景
演好重複的角色：
噴流行的香水，讀暢銷的書
買大家都愛的鞋子
踏和大家一樣的腳印
感到幸福有所憑據
你打開燈，照亮房間
打開另一盞燈照亮對街的房間

這樣很好，整座城市
有相同大小的窗子
相同的燈，明亮、溫暖
有相同的開關

每日你沒有情緒
梳一樣的髮型，戴兩只錶
出門，在人群裡
跟緊步伐，用兩隻手守時
而感到富有
你迴避願望，迴避作夢
公共廁所裡並排而立
迴避對鏡，鏡子裡
假稱有所感悟的自己：
重複讓你孤獨
太多的同類讓你幸福

## 五月

而我們總是遲來的：
除了一場婚禮、一陣暴雨
也不好期待其他
像一群終於安坐下來的麻雀
面風，眼神蕭索
晾起羽毛拘謹著躁動

## 一些

一些沉默擱在腳背
一些襪子離開衣櫃
鬆了線，並保有對稱的指節
在夏天之前
所有鞋子都得到

更寬廣的地圖，地圖上
揉皺的愛的比方：

一些巷弄回到夜晚
一些城市慣於熄燈
好不好不如我們
跳過睡眠
直接來到死的部分

——選自二〇一三年十二月《創世紀》一七七期

# 崔香蘭作品

## 我心中尚未崩壞的地方

所有的悔恨，跟隨著那滴淚，
從臉頰滑落。
摸不到的心開始不能自我。

躲得過那書，卻躲不過五月天的詞和音樂。
桌上的那盞照明，不客氣的侵犯我最脆弱的時刻；
彷彿要把我受世間污染的那些微粒
攤在它那便宜又低俗的燈光下
供路過的風、空氣、塵蟎　　欣賞。

十月下旬的台北，天氣終於漸涼；

窗外的雨附和著我的淚，隨著耳機內的旋律
開始對話。
在選擇當蟬或螢火蟲時，我遲疑了；
蟬總是在等待最美好的時機破土，狂人般的大肆唱歌，
　然後在同伴的歌聲中
　　　　　　　　　　　　　　　　　死去；
而螢火蟲總是在夜晚伴隨滿天星空，謙虛的慢慢發光，
　　然後在寧靜的曙光內漸漸
　　　　　　　　　　　　　　　　　死去。
我那摸不到的心多事的告訴我選擇
謙虛的死亡；
而醜陋的現實卻要我貪心的
在眾人的掌聲中死亡。
只有在夜裡，沒人在身旁，
才能慢慢卸下對生活的武裝，
面對我心中那唯一
　　　　　　　　尚未
　　　　　　　　　　崩壞的地方。
大方的用白天累積的淚水，
刷淨夜晚出現的那塊迦南地，

跟著我自己的旋律，
再唱再寫再哭再笑再夢再愛；
到了天亮，
還是要把它
緊緊的，輕輕的
收回。

——選自二〇〇九年三月《創世紀》一五八期

## 寶石

只需從心裡拿出來人心都是一顆寶石。
我們恨，我們痛，我們怨，
卻總是不知不覺發現臉上的淚
深埋在血肉裡的璀燦結晶，
只有在心被碰觸到最深邃
感受到莫名顫抖，

淚珠才會發出寶石的光輝
打亮
然後擦亮
被擦亮
被愛擦亮

## 剪頭髮

我夢到了
剪頭髮

你說你要出門
手插在口袋
調皮調皮真調皮
我說我很會畫畫

要不要我幫你剪頭髮
嗯哼嗯哼嗯哼答應了

把頭跟臉都伸過來
一副坦蕩蕩有什麼好怕
不害羞一點也不害羞
一點我們有約剪頭髮
剪一點點就好了

我們有一點太近了
考驗我的好親密
喔！手不能抖
力道要相同，不能撲上去
要平均，瀏海也是
眉毛也是
愛也是

——選自二〇一三年十二月《創世紀》一七七期

# 丰　巖作品

## 午後的櫻桃小販

她將吊牌同它飄洋過海的沉默
一同掛在街口販賣
眼神如同被時差搖晃過的果肉
凋零成進口果籃上一隻
昏昏欲睡的獸
等待時間與過客
夥同夕陽被一併買走

果籃裡的肉有新鮮的深櫻桃色
但迷濛的眼珠依舊無光

當景氣將他割喉
一如賞味期限內的櫻桃
在車水馬龍的路口裡泅泳
他已無聲去咆嘯
剛空運來台的水貨
有異國最新鮮的宰割

如果喜歡請全都帶走
日落簡陋的巢臼
還有等待哺育的獸
國際油價總越漲越高啊
股市再倒會不會割傷
我用生命抵押來的果肉
當櫻桃肥滿時
肉體卻隨著景氣越來越瘦

果籃上爬滿的過期帳單

一如趨近傍晚
等待，將你的生活
結束營業時再一次清算
明天又是好日子吧？趁櫻桃肥滿
政客還未在議會打架與做愛
弄傷自己的腦袋前
拜託，請多多購買

——選自二〇一二年十二月《創世紀》一七三期

## 愛的偏鋒

不確定已走入對的轉折
當離別將誓言斷句在遠方
熱淚拼命將追憶嵌進風景
落款毫無方向的或許

生活是越過越酸的偏旁
畢竟歲月總愛錯寫青春的筆順
往事，是疼痛已久的病歷

倒一點黑色的思緒給妳
等待如不停的消磨
回憶是堆疊干戈的冷硯
將愛恨燒成逐日短少的焦墨
在夢中煮沸枯槁
來自瞳孔與睫毛不停的筆戰
淚水是尖銳的盾

最初，我們交集難以分離的偏旁
像彼此握住大楷
於阡陌寫下一頁如穗的眉批
在耳際間尋覓短詩
我用肋骨篆刻妳的靈魂

單人床排列出適合的對句
把想念留白
軀體成為不斷綿延的狂草
讓汗水與齒痕信仰彼此的粗獷

把孤單晾乾
日子在皺褶裡失去了婉轉
擱著些許來不及完整的絮語
忘記愛走至偏鋒
像焦慮已透出紙背
將翻面後我們學不會的尊重
與堅貞一併退還給時間
在風雨過後
獨自面對一個人的襤褸

——選自二〇一三年十二月《創世紀》一七七期

# 田妏甄作品

## 浮日之書

### 一、流金歲月

若昨日化作琥珀色的瞳孔，我們只好
讓午後穿越妳淺色系的耳垂
讓湯金的黎明覆上並
無防備地貫穿妳的聲音

妳說，康德是難解的哲學而
我們存在，為了發現妳的美除此

之外，只是等待
像日光無預警的撞擊
妳眼角的流金，劃傷年輕

## 二、浮　生

讓鬧鐘打碎清晨
夢境來不及完結我已匆匆離開
這荒誕的肥皂劇，之後

我坐在妳曾停留的左側張望早晨
執著一朵雲的離去或求證
四堂哲學課的夢，是否帶有
深夜思維的老派

隔著真實，我們虛假地喊話並
覆述無數次深夜的情話

淺述妳我的告別，像輓歌或
來自妳唇瓣間的菸圈，框著彼此屏息
我點燃指尖的情緒在妳的瞳孔
迸出一道光影而歲月
在橘紅的火焰中老成灰燼

菸癮與氣息是無防備的
另一場鬧劇
具備黑白基本色系的對比
強烈，彷彿愛情

## 三、影子間

這樣的年代難以言談。
一如靈感，或難以書寫的妳的側臉在
皺紋裡殘留太多時間，假如我

為妳點燃一根菸的濃度，談論愛
或者被愛的種種可能，妳能否在我的肺葉
以太過哲學的方式交換靈魂或者
讓我呼吸妳指尖焚燒過的氣息或者
讓我為妳成癮
在這難以言談的年代

## 四、光塵之後

在清晨，昨日彷佛尚未離去而我們
卻於今早道別，像城鄉間
尚未被抽離的自己或者
昨日深夜突然記起的妳的側臉
策動此刻，情詩無預警的被書寫

在清晨，愛情都化成太輕薄的霧而
如妳唇瓣的柔軟與飽滿或者像

舊情人的難纏
然而其中，許多假設都不夠純正
不足以闡釋今早，妳與我道別的時間的斜角
若拉長，就成為天堂

——選自二〇一三年三月《創世紀》一七四期

# 若斯諾・孟作品

## 厚塵

他在早晨
自己推著輪椅
在醫院
不斷後退
後退、後退、後退、後退到各處
護士小姐阻止
他「伯伯，這樣很危險」
年輕小姑娘不懂
向前殺敵人
才是真正的危險

A棟三樓的老王說
他的兒子拋棄了他
「我根本沒結婚
兒子在出生前
就拋棄了我」
他這樣想著
一邊不斷後退
他幼時每天看的
祁連山
跟老家的麵條
分不清前進還後退的
綿延
綿羊在草原上跑
廣闊的
積著灰塵
台灣

海港的味道
他一下船就吐
島好小
小到
他的腳
已經退化到
不能走

他本來住的那裡
要蓋新樓
潔白乾淨的
年輕小伙子說
「伯伯，來，拆掉
你們會住得更舒服
下起雨
不會漏水
有新的傢俱
還有電梯喔」

他在醫院
在輪椅上
看著桌面
這些灰塵也同樣積在他的
肩上、腿上、已經沒有頭髮的
頭頂
他全身垂掛著
這些灰塵
早就壓垮了他
也在椅子、桌子
床
撐起了他
他抹起一層厚厚的灰
吹了一口氣
好長好長
好長好長
真的好長好長的

一口氣

——選自二〇一三年十二月《創世紀》一七七期

## 駢拇

那一天我撿到了正在哭的大姆指
我拍拍它
對它說了以前的灰塵飛揚
或者透出一點點光自動書寫

它振作起來
像一個頂天立地的小巨人
咳出鮮紅的汁液
多餘的一切都留在了那裡
我和它愉快地走著
走著走著

——選自二〇一〇年九月《創世紀》一六四期

# 謝三進作品

## 勞動半島

民主的掌聲終於響起
在軍閥治理的國度
女性民主鬥士吸引全世界注意
一個新的可能誕生，可能
屬於資本主義

鄰國的人民已經流浪許久
在富裕國家裡
他們被統稱為外勞，沒有國籍之別
沒有文化，只有異國料理與潑水節

階級與誤解尚不是主要問題
分岔的生命際遇、淡化的土地記憶
一列北上區間列車
一群以母語對談的泰國青年
令人困窘的不是對話音量的問題
而是被視而不見
存在的隱形

那麼你也要一起去流浪嗎？
一起環球旅行，當國家將要崛起
在他人的資助下
成為新的籌碼，這一次
要抵押過長工時，還是離鄉背井
你族的價值就是勞力便宜
亞洲崛起，唯你是雜亂
沉默的背景

那麼就一起去旅行吧
當國家必須崛起
去成為富人的口袋、官員外交的武器
多年以後回來，探望老邁父母
不必詳細回答他們任何問題
比如說：「這些年
你去了哪裡——」這並非當初
你族選擇面對的那個問題……

——選自二〇一三年六月《創世紀》一七五期

## 亡靈

那人已經離開了
你決定模仿他的存在
喚回退場的腳色

拿杯子、走路、提傘
說話時，你復刻他一個
閃爍的眼神
一名說書人盡責
重複隱密的典故
（那時，浩瀚的宇宙
也曾經清澈……）

你漸漸厭倦於這齣
沒有下文的獨腳戲
於是決定為他舉辦盛大的葬禮
模仿他為自己致詞
自己給自己鼓掌
偏偏愛是無法消滅的
況且召喚了千千萬萬個他
卻沒有一個你在現場

（才發現你不過是遠遠
遠遠，與此無關的
題外話……）

那人已經離開
去到與你更無關的地方
留下印滿掌紋的玻璃
每次抬頭，抹去霧氣
你就看見窗影倒映中一只
無法驅趕的亡靈

## 羅馬

終於抵達眾人群聚的城市白牆、長廊、圓拱頂
精雕細琢的市容，你說
疊石剉木
不僅是結果

帝國佈政於疆場
市民佈穀於廣場，群鴿麇集
插翅不飛的心事
噴泉勃發，我們並坐欣賞
渠道源源送來
異地流淌的幸福
石雕人像百年赤裸無畏且無損
禁止觸碰的警示背後
都有不能告人的緣由

藝匠創作典故
刀工琢磨遍佈註腳
未完竣的藝術啊，舛續的血
你說「愛……」這迢迢大路
便是眾人紛抵的羅馬

——選自二〇一三年十二月《創世紀》一七七期

# 范家駿作品

## 鬼

失戀的人
像鬼
在上個戀人與下個戀人之間
每一天就算
多一點
點明朗也
無所謂
一隻鬼
沿著街走
看見

另一個就要當鬼的人
他剛剛才撞見戀人
與另一隻鬼
牽手逛街
「一個人在傷心的時候發覺
其實手心和手背
都曾經長滿了肉」
你永遠都不會從戀人那裡知道
這其實是個鬼故事。中的某個段落
整個故事大意是在講
一隻鬼
該如何保養自己
才能擁有
成人之美

# 無所而謂

如果有人剛好說中了你的寂寞
甚麼都來不及變濕
一個人越走越淡
他以為
自己就快要變薄

只是還沒有開始覺得痛
周圍就癢了起來
我想一個完美的傷口
來自於它的
好摳

如果有人剛好說中
自己的寂寞

借他一把偷來的傘
誰都不必替誰把風
就讓後來的雨
幫你還了

## 隔水加熱

看見你的時候
光線穿過了樹葉
在這世上其他的地方
有沒有其他的人
曾看過你
渾身缺口般
穿走光線一個人的影子被人群拉長
他需要一個
可以縱火的房間

而我僅僅是站在一棵樹下
不必抬頭
也能感到
所有的樹葉

——選自二〇一三年十二月《創世紀》一七七期

## 寫真

在還沒落下之前都是清澈的水
雨經過沉思變成了河流
我低頭看著它
已經混濁到
可以映出我清楚的臉

遠一點的地方
有支流正在形成

而我已無法再次死去
已無法像片葉子
在身體割出傷口
運送水分

對岸的孩子
打起水漂
水面上的臉
似乎學我
倒立了一下

這個下午比天空來得清醒
我嚥下一塊石頭
坐在岸邊
靜靜等待自己消失

——選自二〇一四年三月《創世紀》一七八期

# 趙文豪作品

## 我的房間有時是海

我的房間有時是海，每天都在想像逃離的
景況在我的房間。我，在椅子上漂來盪去
盯著發光的螢幕，裡頭有一座海：漆成銀白色的我的鬍子偷偷
長了、白了、妳還替我打了一個結在潮濕的樓梯間失眠，在牆
角、桌上、埋在抽屜的禮物盒裡——掛鐘、手錶，和縮瑟角落
的小花貓都有不斷轉動的眼球。但從來沒有人曾告訴我：等
待……
應該維持著什麼樣的姿勢？
保持一貫的微笑？儘管我
始終記得，我的，眼睛，我，乾涸的口音

儘管有時想到一些沒關係的時代廣場、巴黎鐵塔
和我們奔跑在中正紀念堂，那裡曾經住著
超級英雄？（送貨員按了門鈴：他在等待
我游不出去。從沒有人領取那個待領的情書）

我房間裡的情人，她的厚瀏海，是一張張的摺紙
我們的眼睛都盯著床沿盛開的蓮花，但是
有天，我的
咖啡，抖落地上，積成小水窪
我的房間從此全摔落進去。

——選自二〇一三年六月《創世紀》一七五期

## 蛀　讀

就像是一次神秘的冒險，
我將手指放進了嘴裡。

咕嚕、咕嚕的
眼睛是多話的表情
像大雨前的飛蛾。媽媽
牽著我的手，我睡眼惺忪……

媽媽說：「剛才夢到什麼讓你這麼開心？」

在某座棉花糖城堡裡，
乳白的、粉紅的、蔚藍的、亮黃的、繽紛的
丘陵上的我，盡情打滾
這就像是一次神秘的冒險；
我將雲絲放進了嘴裡，咕嚕、咕嚕
仙子圍繞著我跳舞。我的表情
像是拉起天空的億萬個風箏，
強烈的電流痛擊我的城池
白的、紅的、藍的、黃的、繽紛的
魔鬼率領著億萬顆星星痛擊

——啊，我用糖果球還擊，那塊丘陵因為
恐怖的戰爭，只剩下發黑而凹陷的窟窿。
醒在太空座艙上，太空人叔叔脫下他的面罩
　　　　　　　　將那塊破敗的丘陵
　　　　　　　　擺回地球的煙囪上
用憐惜的眼神，看著兔寶寶受詛咒的夢——
　　　　　　　　那顆，我今天拔的牙

——選自二〇一三年十二月《創世紀》一七七期

# 交友邀請

一顆傻瓜，一對杯子，一瓣剩下的小蜻蜓。「我的
驕傲，我
把小美藏到一個沒有人可以輕易找到的地方。」
嘻嘻

又有新玩具了；哈囉！
小金妳好。「上次的那個她我不小心讓她發芽
只好剪下來，穿起來」喜歡我的新衣服嗎？
妳愛玩牌嗎？我還準備了一塊小而美的草莓蛋糕
來慶祝我們的交友邀請
讓我又熱又皺的手，扶著妳，把值得紀念的日子
切出來。我們一塊
接一塊。在又熱又皺的太陽底下，躲在冰箱裡，
把沾滿草莓醬的
大腸都拉出來。這是我們各自擁有的樓梯，快來
我們的閣樓吧！
一起欣賞花火欣賞節慶所落下一地的
面膜。杯子。時鐘。
在鐘眼處：我一直看著妳

——選自二〇一四年三月《創世紀》一七八期

# 阿　海作品

## 關於白天的流星雨

比鑽戒美好的這些
關於白天的流星雨
我曾在你後座一一數過：
柏油路上，陽光劃過的小結晶面
沙是溫柔與深陷
以及整片海灘上細碎的光

然而我們匆匆老去
直到看不清伸手可及的東西；
比起這些瑣碎而一瞬即逝的光

我們還是喜歡鑽石
堅硬發亮又永恆
遠遠的就能證明：
我們的愛情
整整三克拉

# 世界末日

沿著星球的邊緣行走
何時冷，何時熱
何處有雨
何處有燃燒的星塵
我一無所知。

伴隨所有尚未閱讀的知識，未說的語言
未露出的愛
一切氧化中的一切

沉沉睡去
醒來哼一首不知名的小調
有著躑躅的韻腳

東方還會沉落
歲月這麼潮濕。正好
就與世界一起生鏽
神——
閉上眼睛：
祂與祂的愛一般沉默
與我的靈魂一般
無邊，朦朧且溫暖地
黑暗

——選自二〇一三年六月《創世紀》一七五期

## 刮刮樂

最鮮烈的是傷口
最鈍甠的是青春
而所謂價碼
得使勁刮開之後
才會知道

## 考古

灰燼往往較肉身為重
因愛慾愁恨及其廢物
沉積了太多
看！……
我那層出不窮的

粗礪而深色的歲月；
有幾顆琥珀色的眼淚
凝涸於此了……

# 記日

## ——抄詩有感

日子鋪在紙上
抄錄成一種新的筆跡
越寫越長。墨水未乾
昨天還是新的；今天
我卻迅速老去了

時間是一首寫壞的詩
寫滿了不忍刪去的讖言

# 活著

大概還可以
做一個很長很長的夢
再做一個

幻滅的時候
就從新的人生醒來。

——選自二〇一三年十二月《創世紀》一七七期

# 謝予騰作品

## 這是我，一個人的日子

一個人的日子，點一盞負責的日光燈
搖動鐘擺的影子
慵懶則和孤獨等在角落
堆積成一張弄不亂
也無法清理的沙發。

一杯咖啡，一本書
床也只有一場睡眠的食量
生病自己買藥
多出的疼痛便收進抽屜；

房間不加打掃
害怕過去會被自己嚇跑：意識到
一個人的日子，靈魂儘管百無聊賴
身邊也沒有誰會特別美麗。

一個人開網路，一個人看節目
像浴室裡雜毛叢生的牙刷
殘存的口氣也沒人在意；
旁觀某些人寫詩，爭吵一些句子
無關緊要的鴿子飛過只有自己
才會打開的窗前，決定還是不抽菸：
那些一個人的承諾，我一個人把持。

這是一個人的日子。貌似交代著
醒來時便已脫離世界
運行的軌跡，只留下一道腳印
離群索居。但即便只是在

一個人的日子裡，我的日光燈仍舊努力
擺動牆上鐘擺的影子。

## 靜者無聲的恆靜著

我思考了整夜，想像妳仰首
凝望低垂的瑪麗亞
時間於是成為吊扇下
那波流動的光影中，無力完食的
一塊蛋餅。
（妳悄然放開風的尾巴
眼前是乳白
散發金色光芒的翅膀
我知道妳正安撫著起飛的欲望：
此刻我們還是鯨魚
勢必逆潮破浪的模樣。）

我想像，安靜而
端立成靈魂側寫的大理石
如何無聲並仔細地
與妳對話？我的耳朵長得
太遠，連絲毫雜沓的可能
也接收不清。

## 酒後的邏輯

我的日子在雨中我的雨
在心裡，備忘錄在路邊的跑馬燈
跑馬燈的流火是胎痕
胎痕是潮汐是浪濤是浪人鰺
浪人鰺迴游於夢的海中
夢也不只有海，還有遠遠的山
山也不只是夢，是畫中
濛濛的雨（雨是我的日子）

備忘錄裡的跑馬燈的山中有一瓶老酒
裝在世界最透明的杯子裡
我是杯中的倒影是蛇也是弓
夜有滿月，我開車經過
只有妳的影子不知名地安靜沉默零碎地
阻止閃燈的員警
處理深夜高速的事故（那時
嘉義和臺中或者都微微下著雨），我的日子
在雨中，雨是濛濛的酒
酒中有浪人鰺般迴游的妳。

——選自二〇一三年十二月《創世紀》一七七期